忘れ得ぬ旅 太陽の心で

第4巻

池田大作

潮出版社

目次

装幀・本文デザイン
金田一亜弥
高畠なつみ（金田一デザイン）
写真
聖教新聞社

ブルガリア

未来《みらい》の生命《いのち》に文化《ぶんか》の光《ひかり》を

（二〇一四年五月号）

バラの花《はな》
幸《さち》と香《かお》れや
母子《ははこ》して

風《かぜ》が爽《さわ》やかに薫《かお》る皐月《さつき》です。

五月には「こどもの日《ひ》」と「母の日」があります。子の健《すこ》やかな成長《せいちょう》を願《ねが》う母の慈愛《じあい》と、母の健康長寿《けんこうちょうじゅ》を祈《いの》る子の感謝《かんしゃ》とが温《あたた》かく響《ひび》き合《あ》う〝母子の月〟です。

この季節《きせつ》を、百花繚乱《ひゃっかりょうらん》の花々が嬉《うれ》しげに彩《いろど》ってくれます。なかでも、〝花の女王《じょおう》〟として、ひときわ優雅《ゆうが》な気品《きひん》を湛《たた》えているのが、バラではないでしょうか。

バラは、一輪《いちりん》そこにあるだけで、部屋《へや》の佇《たたず》まいを一変《いっぺん》させる不思議《ふしぎ》な品格《ひんかく》を持《も》っています。

文明の十字路ブルガリアの中央にそびえ立ち、
その歴史を見つめてきたバルカン山脈を、機中より望む（著者撮影）

かつて私は、草《くさ》の根《ね》の文化運動《うんどう》に奔走《ほんそう》する健気《けなげ》な友《とも》に、一句《いっく》を贈《おく》ったことがあります。

「牛乳瓶《ぎゅうにゅうびん》　バラ一本《いっぽん》　さしにけり」と。

どんな場所《ばしょ》でも、また、たとえ一人《ひとり》きりでも、一輪のバラのように凛《りん》と咲《さ》き誇《ほこ》って、周囲《しゅうい》を明《あか》るく照《て》らしていける。そこに真《しん》の人格《じんかく》の力《ちから》があり、文化の力があると讃嘆《さんたん》したかったからです。

東欧《とうおう》のブルガリアは、その名《な》も「バラの国《くに》」と称《しょう》されます。もちろん、国の花もバラです。

私の胸中《きょうちゅう》には、ブルガリアの美《うつく》しい歓迎《かんげい》の歌《うた》が蘇《よみがえ》ります。

「今日《きょう》のこの素晴《すば》らしき日に　どうぞ　一輪のブルガリアのバラを受《う》け取《と》ってください／そのバラに　かぐわしい調《しら》べで／この山々《やまやま》を　この海《うみ》を　そして私たち皆《みな》のことを　あなたに語《かた》らせてください」と。

ブルガリアでは、世界《せかい》で消費《しょうひ》されるバラの香油《こうゆ》（香《こう》水《すい》の原料《げんりょう》）の約《やく》七割《わり》が生産《せいさん》されていると聞《き》きました。

二《ふた》つの山脈《さんみゃく》（バルカンとスレドナ・ゴラ）に囲《かこ》まれた地域には、じつに約百二十キロにもわたってバラが栽培《さいばい》されている「バラの谷《たに》」が続《つづ》いています。

この「バラの谷」に、武器《ぶき》を製造《せいぞう》する拠点《きょてん》がおかれた時代《じだい》もありました。しかし今《いま》では、とくに五月、六月、世界から人々《ひとびと》が集《つど》う、香り豊《ゆた》かな〝平和《へいわ》の花園《はなぞの》〟となっています。それは、バラが武器に勝《か》ち、文化が野蛮《やばん》に打ち勝った象徴《しょうちょう》と言《い》ってよいでしょう。遠《とお》くからブルガリアの友が来日《らいにち》する際《さい》は、私も友情《ゆうじょう》と平和の心《こころ》をバラに託《たく》して歓迎しています。

ブルガリアと交流《こうりゅう》の深《ふか》い広島県《ひろしまけん》の「福山《ふくやま》ばら祭」では、私と妻《つま》の信頼《しんらい》する青年《せいねん》たちが、凜々《りり》しい楽器演奏《がっきえんそう》のパレードで、地域《ちいき》に貢献《こうけん》してくれています。

混迷《こんめい》の
世《よ》にも　気高《けだか》き
バラの花
平和の香りよ
友誼《ゆうぎ》の光よ

私が空路《くうろ》、白銀《はくぎん》の雪《ゆき》が残《のこ》るバルカンの山々を越《こ》えて、首都《しゅと》ソフィアに第一歩《だいいっぽ》を印《しる》したのは、ブルガリア建国《けんこく》千三百年（一九八一年）の佳節《かせつ》でした。「美しきわが森《もり》よ　青春《せいしゅん》の香りがする」と民謡《みんよう》で歌《うた》われる通《とお》りの「森の都《みやこ》」です。彼方《かなた》に仰《あお》ぐヴィトシャ山の連峰《れんぽう》は壮麗《そうれい》でした。

到着《とうちゃく》した当初《とうしょ》から、お会《あ》いした各界《かっかい》のリーダーの方々《かたがた》が強調《きょうちょう》されていたことがあります。

それは、ブルガリアは平和を愛《あい》する国であり、文化を重《おも》んずる国である。軍事《ぐんじ》の同盟《どうめい》には恒久性《こうきゅうせい》はなく、文化の同盟こそ重要《じゅうよう》なのである、ということです。

国土《こくど》や軍事力、経済力の大きさよりも、人間《にんげん》の精神《せいしん》の大きさ、豊かさ、美しさ、絆《きずな》を大《たい》切《せつ》にされていたのです。

聡明《そうめい》な女性《じょせい》リーダーであるリュドミラ・ジフコヴァ文化大臣《だいじん》は毅然《きぜん》と語られました。

――世界は、これ以上《いじょう》、戦争《せんそう》の恐怖《きょうふ》のもとで生《い》きるべきではありません。子どもたちが、この世で一番《いちばん》大切な「お母《かあ》さん」と「自由《じゆう》」という言葉《ことば》を書《か》けるようになる前に亡《な》くなることがあってはなりません、と。

母と子が笑顔《えがお》で暮《く》らせる社会《しゃかい》こそ、真に平和な世界と言えましょう。

東西《とうざい》を結《むす》ぶシルクロードの要衝《ようしょう》でもあった、「文明《ぶんめい》の十字路《じゅうじろ》」ブルガリアでは、古代《こだい》ロ

ブルガリア建国1300年を祝う集いで、
ジフコヴァ文化大臣（前列中央）と語り合う
（1981年5月、ソフィア市郊外）

ーマ帝国《ていこく》、東方《とうほう》キリスト教《きょう》を基盤《きばん》としたビザンチン帝国、ブルガリア帝国、イスラムを根幹《こんかん》としたオスマン帝国など、激動《げきどう》の興亡《こうぼう》の歴《れき》史《し》が繰《く》り返《かえ》されるなかで、人々が苦難《くなん》を乗《の》り越《こ》え、豊《ほう》饒《じょう》なる文化を創造《そうぞう》してきました。その文化の多彩《たさい》さは、華《はな》やかなブルガリアの民族《みんぞく》衣装《いしょう》を思わせます。

首都「ソフィア」の名は「知恵《ちえ》」という意味《いみ》です。

ブルガリアの知恵は、困難《こんなん》の歴史を生き抜きながら育《はぐく》んできた珠玉《しゅぎょく》の知恵であり、決《けっ》して行き詰《づ》まらない知恵でありましょう。

さらに、ソフィア市《し》の紋章《もんしょう》には「成長するが老《お》いはしない」と刻《きざ》まれています。

私は、試練《しれん》に屈《くっ》しないブルガリアの大地《だいち》から、必《かなら》ずや二十一世紀《せいき》を潤《うるお》す平和と共生《きょうせい》の知恵が湧《わ》き出《い》ずることを祈りつつ、お招《まね》きいただいたソフィア大学《だいがく》で「東西融合《ゆうごう》の緑野《りょくや》を求《もと》めて」と題《だい》する講演《こうえん》を行《おこな》いました。

美しき
　生命《いのち》の歌声《うたごえ》
　　こだまして
　平和の夜明《よあ》けを
　　心に開《ひら》けり

ブルガリアが世界に誇る文化に、「合唱《がっしょう》」があります。約三千六百もの合唱団があり、とりわけ子どもたちの合唱団が多《おお》いと伺《うかが》ったことがあります。

ブルガリアとの交流の折々《おりおり》に、少年少女《しょうねんしょうじょ》たちは友好《ゆうこう》の合唱を披露《ひろう》してくれました。「ヴィトシャの山から友情の翼《つばさ》をつけて空高《そらたか》く、世界へ飛《と》んでいきましょう」との清《きよ》らかな天《てん》の歌声も忘れられません。

日本の歌「赤《あか》とんぼ」「木曽節《きそぶし》」「草津節《くさつ》」を見事《みごと》に歌い上げてくれた真心《まごころ》にも感銘《かんめい》しま

した。

私がソフィアに続いて訪問《ほうもん》した最古《さいこ》の町《まち》の一《ひと》つとされる「古城《こじょう》の都」プロブディフでも、地元《じもと》の少年合唱団が、ブルガリア語《ご》と日本語、ロシア語の歌で迎《むか》えてくれました。

この国の村々では、たくさんの女性が民謡を愛し、三人以上集《あつ》まれば、その場《ば》で合唱が始《はじ》まると言われます。

ある時《とき》は食卓《しょくたく》で賑《にぎ》やかに、ある時は農作業《のうさぎょう》の場で力強《ちからづよ》く、ある時は赤子《あかご》の揺籃《ゆりかご》の傍《かたわ》らで優《やさ》しく、生活《せいかつ》の舞台《ぶたい》で歌われ続けてきた民謡は、七万曲《きょく》にもおよぶというのです。

多様《たよう》なブルガリア民謡のなかで、ゆったりとした曲からは、「ヤヴァシ、ヤヴァシ」――「ゆっくり、ゆっくり」※1と一歩また一歩、足元《あしもと》から幸福《こうふく》を築《きず》きゆく姿《すがた》も連想《れんそう》されます。

地声《じごえ》による迫力《はくりょく》ある歌も特徴的《とくちょうてき》です。そこには、ブルガリアのシンボルである獅子《しし》のごとく、何《なに》ものにも負《ま》けない勇気《ゆうき》の響《ひび》きを感じます。

声は命《いのち》。歌は心です。苦しい時も、くよくよしている時も、声高らかに歌えば、生命の奥底《おうてい》から活力《かつりょく》が湧き、悩《なや》みを吹《ふ》き飛《と》ばしてくれます。

歌のあるところ、明るい前進《ぜんしん》の息吹《いぶき》があり、歌のあるところ、豊かな心が満《み》ち溢《あふ》れます。

約五百年にもわたる、外国《がいこく》の残酷《ざんこく》な支配《しはい》に屈しなかったブルガリアの民衆の強さを支《ささ》えたのも、歌うことであり、合唱であったのです。

そして、ぶつかり合うような異《こと》なる音《おと》さえも結び、深いハーモニーを創《つく》り出《だ》す合唱は、平和の象徴です。

私が創立《そうりつ》した民主音楽協会《みんしゅおんがくきょうかい》では、これまでブルガリアの主要《しゅよう》な合唱団・合唱舞踊《ぶよう》団を八度、日本に招聘《しょうへい》してきました。

ブルガリアの格言《かくげん》に「我《われ》らが戸口《とぐち》にも太陽《たいよう》は昇《のぼ》る」※2とあります。たくましい楽観主義《らっかんしゅぎ》に生きて、人々を照らす太陽は、女性です。

大文豪《だいぶんごう》ヴァーゾフの小説《しょうせつ》では、戦場《せんじょう》から息子《むすこ》が無事《ぶじ》に帰《かえ》ってくるのを待《ま》ちわびる母が、連行《れんこう》されていく敵軍《てきぐん》の捕虜《ほりょ》に心を痛《いた》めて差《さ》し入《い》れをするという、胸《むね》に迫《せま》る場面《ばめん》があります。

「いい人たちなのに…かわいそうに、この人たちの母親《ははおや》は…自分《じぶん》の息子たちがどうしてるか知っているだろうか？」※3と。

戦時中《せんじちゅう》、私の母も、憲兵《けんぺい》に連行されていく敵国人《てきこくじん》の捕虜について、「かわいそうに！　かわいそうに！　その人のお母さんは、どんなに心配《しんぱい》していることだろうね」と語っていたことを思い起こします。

苦難に立ち向かう「不屈《ふくつ》の魂《たましい》」と、他者《たしゃ》を大切にする「慈愛の心」こそ、平和の文化の翼と言ってよいでありましょう。

獅子となれ
不屈の魂
皆が生命《いのち》に

私が共《とも》に対談集《たいだんしゅう》を発刊《はっかん》した、東欧を代表《だいひょう》する芸術史家《げいじゅつしか》ジュロヴァ博士のご家族《かぞく》も、「美しき獅子の魂」を持つ方々です。

残虐《ざんぎゃく》なファシズムと戦《たたか》い、父君《ちちぎみ》は何度《なんど》も死刑宣告《しけいせんこく》を受け、母君《ははぎみ》は投獄《とうごく》されるところを、妊娠《にんしん》していたために、かろうじて免《まぬか》れました。

戦乱《せんらん》で思うように学《まな》べなかった母君は、戦後《せんご》、多くの子を育《そだ》てながら、自《みずか》らも学校《がっこう》に通《かよ》い、織物《おりもの》工学《こうがく》技術《ぎじゅつ》を習得《しゅうとく》して、子どもたちに素敵《すてき》な自作《じさく》の服《ふく》をプレゼントしてくれました。学び続ける喜《よろこ》び、また、生活を彩る芸術を教《おし》えてくれたのです。

父君は、人生《じんせい》の生き方を伝《つた》えてくれました。

第一に、試練に対《たい》して忍耐《にんたい》強く生きる。

第二に、チャンスの時には、大胆《だいたん》に行動《こうどう》する。

第三に、忍耐の時か、勇敢《ゆうかん》に行動に打って出る時かを、知恵で見《み》きわめる。

そして常々《つねづね》、父君は「いかなる状況《じょうきょう》にあっても人間は人間である」※4と、最《もっと》も重要な人間性の価値《かち》を教えてくれたといいます。

ジュロヴァ博士は、女性が世界で果《は》たすべき使命《しめい》とは「人間生命が持つ価値と精神性《せいしん》を守《まも》りゆくことです」※5と断言《だんげん》されました。だからこそ、被爆地・広島を訪れた折、平和のために積極的《せっきょくてき》に行動する女性の姿に驚嘆《きょうたん》し、最大《さいだい》に讃《たた》えておられたのです。

生命は
清く美しく
人生は
強く逞《たくま》しく

清々しい笑顔と歌声のプロブディフの
少年合唱団と交流（1981年5月）

ブルガリアに「生命《いのち》の水《みず》」という民話《みんわ》があります。

遠い彼方に、飲《の》めば年《とし》をとらず、若返《わかがえ》り、丈夫《じょうぶ》になる「生命の水」が湧き出ている。それを持って帰ってきた者《もの》が、王《おう》の後継者《こうけいしゃ》となると決《き》まった。王の三人の息子が「生命の水」を求《もと》めて旅《たび》に出た。十字路に来《く》ると〝無事に帰れる道《みち》〟〝帰れる可能性《かのうせい》のある道〟〝帰れない道〟があった。末《すえ》の弟《おとうと》は、妻《つま》や婚約者《こんやくしゃ》の待つ兄《あに》たちに安全《あんぜん》な道を譲《ゆず》り、自分は最も困難な〝帰れない道〟を選《えら》んで、道中《どうちゅう》、生きとし生けるものを救《すく》いつつ進《すす》んだ。そして結局《けっきょく》、「生命の水」を発見《はっけん》し、最終的《さいしゅうてき》に善《よ》き指導者《しどうしゃ》となったのは、末の弟だった、[※6]と。

苦難の道を乗り越えて、生命の尊厳《そんげん》を探求《たんきゅう》し、他の生命を救い、平和を築いていく。

このブルガリアの偉大《いだい》な使命の道を、私の友たちも勇敢に進んでいます。私が創立した創価《そうか》大学からブルガリアに留学《りゅうがく》し、そのまま第二の祖国《そこく》と決めて、社会に貢献している友もいます。皆が良《よ》き市民《しみん》として、人のため、地域のために行動し、生き生きと人間共和《きょうわ》のスクラムを広《ひろ》げております。

青年詩人《しじん》ボテフが「分《わ》ち合おう」[※7]と叫《さけ》んだごとく、共々に苦楽《くらく》を分《わ》かち合いながら！

朗《ほが》らかに
天まで響《ひび》けや
大合唱
誓《ちか》いの道を
喜び悔《く》いなく

山《やま》形《がた》

笑《え》顔《がお》が開《ひら》く実《みの》り豊《ゆた》かな理想郷《アルカディア》

（二〇一四年十一月号）

人《ひと》知《し》れず
祈《いの》りと 労《ろう》苦《く》と
慈《じ》愛《あい》こめ
育《そだ》てし実りは
黄《き》金《ん》の喜《よろこ》び

秋《あき》の実りは、一年を精《せい》いっぱいに生《い》き切《き》った命《いのち》が勝《か》ち取《と》る栄冠《えいかん》です。それゆえに、清々《すがすが》しく、美《うつく》しい。だからこそ、深《ふか》い喜びに包《つつ》まれるのではないでしょうか。

今《いま》から百三十年以《い》上《じょう》も前《まえ》に山形県《けん》を旅《たび》した、イギリスの女《じょ》性《せい》で旅《りょ》行《こう》作《さっ》家《か》のイザベラ・バードは、この大地《だいち》を、「微笑《ほほえ》みかけているような実り豊かな地」と讃《たた》え、「東洋《とうよう》のアルカディア（理想郷《りそうきょう》＝編集部注）」と謳《うた》いました。※1

生命《せいめい》の讃歌《さんか》の実りに満《み》ちて、弾《はじ》ける笑顔のような、この理想郷の黄金の喜びを、私も山形を訪《おとず》れるたびに感《かん》じ取ってきました。

母《はは》なる大地を耕《たがや》し、土《つち》の力《ちから》を引《ひ》き出《だ》しながら、種《たね》を芽吹《めぶ》かせ、作物《さくもつ》を育て、私たちの生命を支《ささ》える実りをもたらしてくれるのは、農家《のうか》の方々《かたがた》です。

新庄市出身《しんじょうししゅっしん》で、農村指導者《のうそんしどうしゃ》として高名《こうめい》な松田甚次郎《まつだじんじろう》は綴《つづ》っていました。

「黒《くろ》い土、暖《あたたか》い土、それは人間《にんげん》の生命の源泉《げんせん》である」「更《さら》に大《おお》きな力と、強《つよ》い熱《ねつ》とをもって、土に生き、よき郷土《きょうど》の建設《けんせつ》を追《お》い進《すす》みゆくことを固《かた》く誓《ちか》う」※2と。

この指導者は、ふるさとの「最上（もがみ）」を「最上（さいじょう）」と愛称《あいしょう》して、「農村向上《こうじょう》」を目指《めざ》しました。とくに農村の女性が、農作業《のうさぎょう》、育児《いくじ》、家族《かぞく》の世話《せわ》、地域活動《ちいきかつどう》など、幾重《いくえ》にも働《はたら》き、皆《みな》を慈《いつく》しんでいることを紹介し、〝最上《さいじょう》〟の感謝《かんしゃ》と尊敬《そんけい》を寄《よ》せています。※3

山形県は、サクランボ、西洋《せいよう》ナシ（ラ・フランス）、スイカ、ブドウ、メロン、リンゴ、桃《もも》、柿等々《かきとうとう》、天下《てんか》に名高《なだか》い特産《とくさん》を誇《ほこ》る「果物王国《くだものおうこく》」です。東根市《ひがしねし》や天童市《てんどうし》、山形市の農園《のうえん》

山形の夏を彩る県花・紅花が鮮やかに咲き始めた。口紅や染織物のほか、
食品、薬品、生け花などに用いられ、美の糧となってきた（著者撮影）

に伺《うかが》ったことも、色鮮《いろあざ》やかに蘇《よみがえ》ります。「ナポレオン」の名を冠《かん》した、真《ま》っ赤《か》な宝石《ほうせき》のようなサクランボが実る農園で、お母《かあ》さん、また、後継《こうけい》の農村青年《せいねん》と語《かた》らい、「山形でも、世界《せかい》でも、最高《さいこう》に輝《かがや》く農家に！」とエールを送《おく》りました。

いつの世《よ》にも、山形には、春夏秋冬《しゅんかしゅうとう》、「おらが在所《ざいしょ》に来《き》て見《み》やしゃんせ※4」と、人を快《こころよ》く迎《むか》え入《い》れる、ふるさとの温《ぬく》もりがあります。

江戸時代《えどじだい》、冷害《れいがい》による大凶作《だいきょうさく》で苦《くる》しみ抜《ぬ》いた人々が助《たす》けを求《もと》めて来た際《さい》、山形の人は「各身上《おのおのしんじょう》の限《かぎ》り力を尽《つ》くして救《すく》いし事也《ことなり》」と歴史《れきし》に記《しる》された「鶴岡の慈悲《じひ》」の逸話《いつわ》※5も、有名《ゆうめい》です。

山形の豊かな実りは、人を生かし、命を生かす、心《こころ》の豊かさの輝きでありましょう。

ここに、人間文化《ぶんか》の豊饒《ほうじょう》なる光源《こうげん》もあります。

天《てん》は晴《は》れ
白銀《はくぎん》 眩《まぶ》しき
雪《ゆき》の花《はな》
心清《すが》しく
希望《きぼう》よ 高鳴《たかな》れ

秋の実りは、やがて来る試練《しれん》の冬《ふゆ》を耐《た》え抜くための備《そな》えでもあります。

私が昭和《しょうわ》三十三年（一九五八年）、初《はじ》めて山形に伺《うかが》ったのは、秋から冬へと移《うつ》ろう、十一月の下旬《げじゅん》でした。前夜《ぜんや》から雪が大地に舞《ま》い降《お》り、壮麗《そうれい》な蔵王《ざおう》も、月山《がっさん》も、鳥海山《ちょうかいさん》も白銀の衣《ころも》を纏《まと》って、輝いていました。

山形には「雪の明日《あした》※6」との諺《ことわざ》があるといいます。吹雪《ふぶき》の後《あと》には、最高に爽《さわ》やかな晴れわたる日《ひ》が来るという意義《いぎ》です。どんなに厳《きび》しい吹雪にあっても、決《けっ》して希望を忘《わす》れない心情が伝わってきます。

私が出会《であ》った山形の父母《ちちはは》たちには、人生《じんせい》の風雪《ふうせつ》を生き抜いた、いぶし銀の輝きがありました。

写真史上《しゃしんしじょう》に名を留《とど》める巨匠《きょしょう》で、酒田《さかた》市出身の土門拳《どもんけん》さんが、市井《しせい》の婦人《ふじん》たちを被写体《ひしゃたい》にする時《とき》、大事《だいじ》にされたのは、表情《ひょうじょう》に刻《きざ》まれた「皺《しわ》」でした。大写真家の眼《まなこ》には、一筋《ひとすじ》の皺も、その人の生活《せいかつ》の闘《たたか》いの履歴書《りれきしょ》と映《うつ》り、「この上《うえ》もなく大切《たいせつ》な、そして美しいもの」[※7]と思われたのです。

山形は、祖父母《そふぼ》と父母、子《こ》どもが同居《どうきょ》する「三世代《せだい》家族」が多《おお》いことでも知られます。

山形の尊《とうと》き笑顔皺のお祖父《じい》ちゃん、お祖母《ばあ》ちゃんたちは、未来《みらい》の世代へ、何《なに》ものにも負《ま》けない〝希望の明日〟を語り、示《しめ》してきたのでしょう。

私が対談《たいだん》した、イギリスの歴史学者トインビー博士も、三世代家族の意義を力説《りきせつ》されていたことを懐《なつ》かしく思い返します。

雪国《ゆきぐに》では、長《なが》い冬を越《こ》えて、梅《うめ》や桜《さくら》など花々が一斉《いっせい》に咲《さ》き誇る躍動《やくどう》する春《はる》が来ます。東《とう》北《ほく》の人々は、厳冬《げんとう》であればあるほど春は明《あか》るく賑《にぎ》やかであることを、本然的《ほんねんてき》に知っているのかもしれません。

「春が来る」※8と繰《く》り返し綴《つづ》った、〝日本のアンデルセン〟と呼《よ》ばれる浜田廣介《はまだひろすけ》（高畠町生《たかはたまちう》まれ）が、心優《やさ》しい童話《どうわ》を残《のこ》した淵源《えんげん》にあるのは、幼《おさな》い頃《ころ》の冬、コタツなどで温《あたた》まりながら、祖母や母から、さまざまな郷土の昔話《むかしばなし》を聞《き》いたことでした。

この童話作家は、「深い思いやりは、人の心のなかにはいって住《す》み付《つ》いて、忘れ去《さ》られることはなく、世に変《か》わらない人間の感動《かんどう》を得《え》て、次《つぎ》から次へ自分自身――思いやりを伝えていく」※9と語りました。

家庭《かてい》や地域での、真心《まごころ》こもる仲良《なかよ》き団《だん》らんから、平和《へいわ》の理想郷は築《きず》かれていきます。

共《とも》にまた
　共にと培《つちか》う
　　絆《きずな》には
　　悩《なや》みも糧《かて》とし
　　　幸《さち》の花咲く

山形の友《とも》と一緒《いっしょ》に歌《うた》ってきた民謡《みんよう》・花笠音頭《はながさおんど》には、「花の山形　紅葉《もみじ》の天童　雪を眺《なが》むる　尾花沢《おばなざわ》」※10とあります。

山形の友たちと和やかに談笑（1987年7月）

山形では、時に友人宅《ゆうじんたく》の軒先《のきさき》や田園《でんえん》の道《みち》で、時に最上川《もがみがわ》や馬見ヶ崎《まみがさき》川のほとりで、時に可憐《かれん》な紅花《べにばな》を見つめつつ、時に霞城公園《かじょうこうえん》（山形城跡）のほど近《ちか》くで、誠《せい》実《じつ》な友たちと語らいました。皆で「自分の郷土を心から愛《あい》せる精神《せいしん》こそ、人間性《にんげんせい》を守《まも》る防波堤《ぼうはてい》」と確認《かくにん》し合《あ》ったこともあります。

私が青春《せいしゅん》時代に愛読《あいどく》した、近代《きんだい》日本の哲学者《てつがくしゃ》・阿部次郎《あべじろう》（酒田市出身）は、「私の問題《もんだい》は今自分の置《お》かれた場所《ばしょ》に於《お》いて最善《さいぜん》を尽《つく》す工夫《くふう》である」※11「確《たし》かな足《あし》を以《もっ》て自分の立《た》っている場所に踏張《ふんば》れ」※12と記しています。そして、大きな逆境《ぎゃっきょう》があろうと、「それにもかかわらず」と立ち向かう生き方を促《うなが》していました。

共に励《はげ》まし合い、共に力を合わせて、苦境《くきょう》に挑《いど》みながら、愛する郷土を勝ち栄《さか》えさせていく。これは山形の先達《せんだつ》から、わが友人たちにも脈々《みゃくみゃく》と受《う》け継《つ》がれてきた最上《さいじょう》の精神の宝《たから》です。

自《みずか》らに
　勝ちゆく　強き
　　人生は
　嵐《あらし》に揺《ゆ》るがぬ
　　　凱歌《がいか》の山なり

私の恩師《おんし》・戸田城聖先生《とだじょうせいせんせい》が激励《げきれい》されてきた山形の婦人は、若《わか》くして、父も母も、兄《あに》も姉《あね》も失《うしな》いました。その後、結婚《けっこん》してからは、夫《おっと》の勤務先《きんむさき》が破産《はさん》。しかも、幼少《ようしょう》の頃以来《いらい》、病弱《びょうじゃく》だった自分も、心臓病《しんぞうびょう》を抱《かか》え、生きていることさえ辛《つら》い状況《じょうきょう》の連続《れんぞく》でした。

そのなかで、「人間革命《かくめい》」という希望の哲学を掲《かか》げて、自らも必死《ひっし》に宿命《しゅくめい》を戦《たたか》い越え、同《おな》じく苦しむ友のために、米沢《よねざわ》、赤湯《あかゆ》、小国《おぐに》、大井沢《おおいさわ》、酒田、新庄など県内《けんない》を駆《か》け回《まわ》りました。雪の日はオーバーが凍《こお》ったり、長靴《ながぐつ》のなかに冷《つめ》たい雪水が浸《し》みたといいます。

そうして、一人《ひとり》また一人と会い、ポツリポツリと悩みを語り出す友に、いつも「んだか」「ほうか」と耳《みみ》を傾《かたむ》け、苦悩を共にしていたのです。

皆から「うちのかあちゃん」と慕《した》われた、この励ましの母は「友の悩みを解決《かいけつ》した喜びが、私の宝物《たからもの》です」と、人なつこい笑顔を浮《う》かべていました。

女性科学者《かがくしゃ》の先駆《せんく》である加藤《かとう》セチ博士（三川町《みかわまち》出身）は、「日本の女《おんな》は強いと信《しん》ずる。どんな悲惨《ひさん》な境遇《きょうぐう》に落《お》ちても枯《か》れないで立ち上《あが》る強靭性《きょうじんせい》を持《も》っている」※13と断言《だんげん》しています。

この限りなく「強靭」な、山形の女性たちの心が、東日本大震災《ひがしにほんだいしんさい》の苦難《くなん》にあって、どれほど多くの人々に、希望の春の光《ひかり》を贈ってくれたか、計《はか》り知《し》れません。

山形に
大樹《たいじゅ》 毅然《きぜん》と
立つごとく
高《たか》みへ伸《の》びゆく
勇気《ゆうき》みなぎれ

「勇気の山形」とは、わが友の合言葉《あいことば》です。

私の妻《つま》がよく知る、米沢市のお母さんは、息子《むすこ》さんの重度《じゅうど》の脳性《のうせい》まひと、勇敢《ゆうかん》に向き合ってきました。

同世代の子どもとの成長過程《せいちょうかてい》の差《さ》に不安《ふあん》を覚《おぼ》えることもありました。それでも「まだまだ、わが子の力は伸びる」と夫と心を定《さだ》め、歩幅《ほはば》は小《ちい》さくとも、一歩《いっぽ》一歩、前へ進む息子さんと強く朗《ほが》らかに生き抜いてきました。ＰＴＡ活動や町内会《ちょうないかい》の役員《やくいん》も引き受け、障《しょう》がいのあるお子さんを持つお母さん方と、支え合い、助け合っています。

「悲《かな》しみが深いほど、苦しみが大きいほど、乗り越えた喜びは深く、幸《しあわ》せは大きい」とは、この勇気の母の大確信《だいかくしん》です。

米沢藩《はん》の名君《めいくん》・上杉鷹山公《うえすぎようざんこう》も勇気の大指導者でした。鷹山公は後継のために、「為《な》せば成《な》る　為さねば成らぬ　何事《なにごと》も　成らぬは人の　為さぬなりけり」[※14]との歌を残しました。

この精神を漲《みなぎ》らせるごとく、山形は数多《あまた》の逸材《いつざい》を育《はぐく》んできました。

「世界の良心《りょうしん》」と称《しょう》され、国際司法裁判所《こくさいしほうさいばんしょ》の所長《しょちょう》を務《つと》めた安達峰一郎《あだちみねいちろう》（山辺町《やまのべまち》出身）、日本の「鉄道《てつどう》の父」佐藤政養[※15]（遊佐町《ゆざまち》出身）、建築界《けんちくかい》の重鎮《じゅうちん》・伊東忠太《いとうちゅうた》（米沢市出身）をはじめ、経済《けいざい》、教育《きょういく》、学術《がくじゅつ》、芸術《げいじゅつ》、文芸《ぶんげい》等、各界《かっかい》の錚々《そうそう》たる人材山脈《じんざいさんみゃく》を成《な》しています。高名な経済学者・大熊信行《おおくまのぶゆき》先生は、山形人ならではの青年を慈《いつく》しむ心で、創価大学《そうかだいがく》の草創期《そうそうき》の

子どもたちの笑顔に、山形の希望の未来が光る（1983年4月）

教壇《きょうだん》に立ち、平和に貢献《こうけん》する世界市民《しみん》の育成《いくせい》に総力《そうりょく》を挙《あ》げてくださいました。

私は、未来を担《にな》いゆく青年たちに、素《す》晴《ば》らしい文化と精神の伝統《でんとう》を持つ山形に生きる誇りを強調《きょうちょう》してきました。一緒にラジオ体操《たいそう》をした子どもたちも、その思い出を大切にして、立派《りっぱ》に成長してくれています。

先《さき》の夏《なつ》も、県下《けんか》の青年千六百名が集《つど》い、「青年がきらめけば　世界がもっと輝く」との心意気《こころいき》で、自身の郷土のために、いっそうの貢献を約《やく》し合ってくれました。

山形は、青年が育つ天地《てんち》です。

樹齢《じゅれい》千五百年以上と推定《すいてい》される東根の大ケヤキのように、木々《きぎ》は天を目指して上へと伸び立つ。樹氷《じゅひょう》が林立《りんりつ》する父なる蔵王のように、山々は寒風《かんぷう》に動《どう》じない。文化の母たる最上川のように、川は絶《た》え間《ま》なく前へ前へと進み続《つづ》ける。

あらゆるものが、成長しゆく青年への励ましであり、発展《はってん》しゆく郷土への鼓舞《こぶ》です。

鶴岡が生んだ文豪《ぶんごう》・高山樗牛《たかやまちょぎゅう》は言います。

「人は進まずむば則《すなわ》ち退《しりぞ》く也《なり》」※16と。

不退《ふたい》の山形に、いやまして笑顔が輝く、実り豊かな理想郷が広《ひろ》がりゆくことを、私は信じています。

より高き
人生　生きなむ
山形の
友に幸《さち》あれ
太陽《たいよう》かがやけ

Miyazaki, Japan

宮《みや》崎《ざき》

日日《ひび》向上《こうじょう》の陽光《ようこう》の宝土《ほうど》

（二〇一五年一月号）

日《ひ》が昇《のぼ》る
日日《ひび》向上《こうじょう》の
姿《すがた》して
日向《ひゅうが》のあなたも
勝利《しょうり》の空《そら》 征《ゆ》け

太陽《たいよう》が昇る。それは、生《い》きとし生けるものの、命《いのち》の躍動《やくどう》が始《はじ》まる瞬間《しゅんかん》です。何《なに》があろうとも、明《あ》けない夜《よる》はないことを、陽光は分《わ》け隔《へだ》てなく語《かた》りかけ、それぞれの命が宿《やど》す伸《の》びゆく力《ちから》を呼《よ》び覚《さ》ましてくれます。

〝日《ひ》の出《で》に向《む》かう〟日向の国《くに》・宮崎県《けん》には、力強《ちからづよ》い希望《きぼう》の陽光があふれています。私も、できることならば、この天地《てんち》で、明《あか》るい心《こころ》の友《とも》どちと一緒《いっしょ》に、仲良《なかよ》く楽《たの》しく暮《く》らしてみたいと、憧《あこが》れてきた宝土の一《ひと》つです。

日向市《し》に生《う》まれた国民的歌人《こくみんてきかじん》の若山牧水《わかやまぼくすい》は、「人間《にんげん》には、あらゆる生物《せいぶつ》には、自己《じこ》の生命《せいめい》を、生命の力を出来《でき》るところまで押《お》し伸べて行こうとする自《おの》ずからなる欲求《よっきゅう》が備《そな》わっている」※1と洞察《どうさつ》しておりました。

「日向」という言葉《ことば》それ自体《じたい》が、太陽と共《とも》に「日日向上を！」と、励《はげ》ましのエールを送《おく》ってくれているように、私には思《おも》えてなりません。

青《あお》き空
青き海原《うなばら》
限《かぎ》りなく
若《わか》く生きよと
光《ひかり》も踊《おど》りて

私の先師《せんし》であり、創価教育《そうかきょういく》の創始者《そうししゃ》である牧口常三郎先生《まきぐちつねさぶろうせんせい》は、延岡《のべおか》市に足跡《そくせき》を留《とど》めるなど、宮崎県との縁《えにし》があります。明治《めいじ》の名外交官《めいがいこうかん》であった秋月左都夫氏《あきづきさつおし》（高鍋町出身《たかなべちょうしゅっしん》）とも、深《ふか》く交友《こうゆう》を結《むす》んでおりました。

秋月氏は、「若さとは常《つね》に自己を向上させんとする意欲《いよく》」[※2]と語られ、この向上の意欲があれば、八十歳《さい》でも若さにあふれて生きていけると呼びかけておられます。

古来《こらい》、宮崎の尊《とうと》き先人《せんじん》たちは、向上の心、向学《こうがく》の心という生命の光源《こうげん》を抱《いだ》いて、人《ひと》を育《そだ》て、自《みずか》らも若々しく生き抜《ぬ》いてこられました。

創価教育を受け、立派に成長した、
懐かしい九州の友と再会（1999年2月、宮崎市）

江戸時代《えどじだい》、〝文教《ぶんきょう》の高鍋藩《はん》〟では、災害《さいがい》等《とう》の苦難《くなん》が続《つづ》くなかにあって、「明倫堂《めいりんどう》」という学校《がっこう》が創立《そうりつ》されました。社会《しゃかい》の安定《あんてい》と繁栄《はんえい》を願《ねが》い、断《だん》じて「学《がく》を建《た》て師を立《た》つる」「人材《じんざい》を成就《じょうじゅ》する」[※3]との宣言《せんげん》のもと、教育が重視《じゅうし》されたのです。民政《みんせい》にも力が注《そそ》がれて、楽土《らくど》が築《きず》かれていったことが、歴《れき》史《し》に刻《きざ》まれています。

人を大切《たいせつ》にし、育《はぐく》んでいく心の光は、自らをも輝《かがや》かせ、未来《みらい》を照《て》らしていくものでしょう。

希望のある人は明るい
努力《どりょく》のある人は勝《か》つ
心の強き人は幸福《こうふく》

私は、大好《だいす》きな宮崎に何度《なんど》も足《あし》を運《はこ》び、心の強き友と、この美《うつく》しき自然《しぜん》の大地《だいち》に素晴《すば》らしい楽土の建設《けんせつ》を！　と語り合ってきました。

ある時《とき》は潮風《しおかぜ》も爽《さわ》やかな青島《あおしま》に渡《わた》り、ある時は陽光まばゆい日向灘《なだ》を見《み》つめ、ある時は満天《まんてん》の星《ほし》と月《つき》の光に輝く大淀川《おおよどがわ》のほとりを歩《ある》きながら、出会《であ》いを重《かさ》ねた、あの友この友の顔《かお》が蘇《よみがえ》ります。

たびたび伺《うかが》った宮崎市のご家庭《かてい》では、夫妻《ふさい》共に、病気《びょうき》との闘《たたか》いが続きました。十人の子《こ》宝《だから》に恵《めぐ》まれ、理容店《りようてん》の従業員《じゅうぎょういん》を合わせると二十数名《すうめい》という大所帯《おおじょたい》です。ですから、生活《せいかつ》のやりくりは大変《たいへん》で、お店《みせ》の鏡《かがみ》や椅子《いす》まで差《さ》し押《お》さえられることもあったといいます。

しかし、そのなかにあっても、人間は誰《だれ》もが幸福を勝ち取れるという希望を手放《てばな》さず、前進《ぜんしん》してきました。

苦難の連続《れんぞく》であった夫妻は、友人《ゆうじん》の悩《なや》みも、地域《ちいき》の難題《なんだい》も、わが痛《いた》みとして同苦《どうく》することができました。

夫人《ふじん》は「地道《じみち》で目立《めだ》たなくとも、友のための行動《こうどう》は時とともに必《かなら》ず輝く」との信念《しんねん》で、椎葉村《しいばそん》など遠方《えんぽう》の友のもとへも通《かよ》い、激励《げきれい》しました。

夫妻の真心《まごころ》に勇気《ゆうき》づけられ、逆境《ぎゃっきょう》に立ち向かっていった友は数《かぞ》え切《き》れません。

自他《じた》の共生《きょうせい》を目指《めざ》した、宮崎ゆかりの作家《さっか》・武者小路実篤《むしゃのこうじさねあつ》の詩《し》を思い起こします。

「根《ね》は地下《ちか》にあって人目《ひとめ》につかぬものなれど生命の源《みなもと》さすがに美也《びなり》」※4と。

困難《こんなん》に断じて屈《くっ》しないという「負《ま》けじ魂《だましい》」は、幸福の花《はな》を咲《さ》かせる根っこであると言《い》えましょう。

そして、その根に尽《つ》きることのない滋養《じよう》を贈《おく》ってくれるのが、温《あたた》かな希望の励ましではないでしょうか。

人作《ひとつく》れ
愛《あい》する郷土《きょうど》を
楽土《らくど》にせむ
人を作れよ
太陽の人を

友の温かい心が込められた花々と共に、
笑顔も華やか（1991年2月、宮崎市）

車《くるま》で、高岡町《たかおかちょう》、野尻町《のじりちょう》、高原町《たかはるちょう》、都城市《みやこのじょう》を走《はし》り、名画《めいが》さながらの景観《けいかん》に感嘆《かんたん》しつつ、友のもとに立《た》ち寄《よ》ったこともありました。

都城では、緑《みどり》の芝生《しばふ》が美しい庭《にわ》で、また、翼《つばさ》を広《ひろ》げたような霧島《きりしま》の高千穂《たかちほ》峰《みね》を望《のぞ》みながら、宮崎の未来への飛翔《ひしょう》について、意見《いけん》を交換《こうかん》したものです。名高《なだか》い関之尾滝《せきのおのたき》では、若き友と、滝のごとく、たゆまず、たくましく人生《じんせい》を勝利し、郷土に貢献《こうけん》をと、意気軒昂《いきけんこう》に懇談《こんだん》しました。

仏典《ぶってん》では、大宇宙《だいうちゅう》における究極《きゅうきょく》の「都《みやこ》」とは、正《ただ》しき生命の法則《ほうそく》に則《のっと》って生きゆく人の胸中《きょうちゅう》にあると説《と》かれます。

とともに、「城《しろ》」の主《あるじ》が剛《たけ》ければ、城を守《まも》る者《もの》も強いように、「心」が固《かた》ければ、その人を守る働《はたら》きも強くなるとも示《しめ》されています。

どんな試練《しれん》があろうと、正しく、一つ一つ乗《の》り越《こ》えていく命にこそ、「幸福の都」は広がり、「勝利の城」がそびえ立つのでしょう。

江戸末期《まっき》、日南《にちなん》の飫肥藩《おびはん》の学校「振徳堂《しんとくどう》」などで教えた安井息軒《やすいそっけん》は、最愛《さいあい》の妻《つま》に先立《さきだ》たれ、次々《つぎつぎ》と我《わ》が子を失《うしな》い、幾《いく》たびも災難《さいなん》に遭《あ》う不遇《ふぐう》のなかでも、子弟《してい》と寝食《しんしょく》を共にして、〝身《み》をつめて人の為《ため》に〟と、人材育成《いくせい》に尽力《じんりょく》しました。※5

この思想家《しそうか》は、「唯心《ただこころ》の持《もち》よふ一つ」「心得《こころえ》よろしく候得《そうらえ》ば、しばらくの難義《なんぎ》は、かへって後々《のちのち》の為《ため》になり申候《もうしそうろう》まま、しんぼう致《いた》さるべく候」※6と綴《つづ》っています。

心一つで毒《どく》をも薬《くすり》へ、艱難《かんなん》をも好機《こうき》へ、悩《なや》みをも知恵《ちえ》へと変《か》えていける。この師の薫陶《くんとう》を受《う》けた多《おお》くの人材が、近代《きんだい》日本の各界《かっかい》の指導者《しどうしゃ》として活躍《かつやく》していきました。そのなかには、あえて立身出世《りっしんしゅっせ》の道《みち》をなげうって、郷土に留《とど》まり、半世紀《はんせいき》にわたって人間教育に人生を捧《ささ》げた愛弟子《まなでし》もいたのです。

私が交友を深めてきた夫妻も、燃《も》え上《あ》がる大情熱《だいじょうねつ》で、ふるさと宮崎を愛してやみませんでした。

かつて心筋梗塞《しんきんこうそく》で倒《たお》れ、病床《びょうしょう》にあった夫《おっと》は、看病《かんびょう》してくれる夫人に、「私が動《うご》けない分《ぶん》、皆《みな》のために動いてくれ」と託《たく》しました。夫人も、それに応《こた》えて「私たちの人生は、いよいよこれからだ。前進また前進！」と決意《けつい》しました。夫妻共に、宿命《しゅくめい》の嵐《あらし》を越え、誠実一路《せいじついちろ》で地域社会に貢献してきたのです。

郷土と友の幸福の晴《は》れ姿が何よりの喜《よろこ》びという賢父《けんぷ》たち、慈母《じぼ》たちの心に、私は合掌《がっしょう》します。

近年《きんねん》、宮崎県は、口蹄疫《こうていえき》、鳥《とり》インフルエンザの発生《はっせい》、新燃岳《しんもえだけ》の噴火等々《ふんかとうとう》、相次《あいつ》ぐ試練に見舞《みま》われました。どれほどの辛労《しんろう》があったことでしょうか。私の心も激《はげ》しく締《し》め付《つ》けられました。

しかし、いついかなる時も、わが宮崎の宝友《ほうゆう》たちは、県木《けんぼく》であるヤシ科《か》の木《き》「フェニックス」（不死鳥《ふしちょう》）の名のように、不屈《ふくつ》の炎《ほのお》で悲哀《ひあい》の闇《やみ》を打《う》ち破《やぶ》ってきました。

キャベツの産地《さんち》・高鍋町では、口蹄疫の影響《えいきょう》で、肥料《ひりょう》として用《もち》いる堆肥《たいひ》が途絶《とだ》えることになりました。そこで、農家《のうか》の方々《かたがた》が着目《ちゃくもく》されたのは、そのまま田畑《たはた》にすき込《こ》んで緑肥《りょくひ》として活用《かつよう》できるヒマワリです。〝暗《くら》い世相《せそう》に明るい話題《わだい》を〟との願《ねが》いも込めて種《たね》を蒔《ま》きました。今《いま》では、ヒマワリ畑《ばたけ》は全国《ぜんこく》で最大級《さいだいきゅう》となり、多数《たすう》の観光客《かんこうきゃく》が訪《おとず》れる復興《ふっこう》の象徴《しょうちょう》となっています。女性農業者《じょせいのうぎょうしゃ》「農奥《のうおく》」の皆さんの活躍とあいまって、以前《いぜん》にもまして活気《かっき》を見せていると嬉《うれ》しく伺《うかが》いました。

苦難にも
郷土を守る
女性《ひと》あれば
春近《はるちか》し　いな
あなたこそ春

綾町《あやちょう》をはじめとする一帯《いったい》には、日本の最大規模《きぼ》の照葉樹林《しょうようじゅりん》が広がっています。この「綾ユネスコ　エコパーク」として保護《ほご》されている地は、自然と人間が共生して生きる知恵の宝庫《ほうこ》です。

郷土を守ることは、生命を守ることに直結《ちょっけつ》しています。一人一人《ひとり》の尊い生命は、他者《たしゃ》と結ばれ、郷土と結ばれ、さらに自然・宇宙と結ばれて生存《せいぞん》しています。

その意味《いみ》で、「ビタミンの父《ちち》」と讃《たた》えられた近代日本の医学者《いがくしゃ》・高木兼寛《たかきかねひろ》博士（宮崎市高岡町出身）は、自分のためだけに生きるのではなく、お互《たが》いに、守り合い、助《たす》け合おうと訴《うった》えました。

博士が、脚気《かっけ》の予防《よぼう》のために食事《しょくじ》・栄養《えいよう》の取《と》り方《かた》を改善《かいぜん》し、大きな成果《せいか》を収《おさ》めたことも

美しい望月が見つめる南国・宮崎の夕暮れ。天地を包む優しい光のもと、
三色旗が「明日も元気で」とあいさつを送る（著者撮影）

有名《ゆうめい》です。

そして、「農業は国に取っても一番《いちばん》大切な事業《じぎょう》である」※7と力説《りきせつ》したのです。温暖《おんだん》な気候《きこう》に恵まれた宮崎は、日本の食《しょく》を支《ささ》え、命を育んでくれる、かけがえのない大地であり、大海原です。

収穫量《しゅうかくりょう》で全国トップの、きゅうり、さといも。栽培面積《さいばいめんせき》、生産量《せいさんりょう》ともに日本一の、日向夏《ひゅうがなつ》、きんかん。さらに「太陽のタマゴ」と称《しょう》されるマンゴーも、全国で愛される特産《とくさん》です。

漁業《ぎょぎょう》では、近海《きんかい》でのカツオの一本釣《いっぽんづ》り、沿岸《えんがん》でのマグロのはえ縄漁《なわりょう》の漁獲《ぎょかく》量《りょう》も随一《ずいいち》です。

農漁村《のうぎょそん》で奮闘《ふんとう》する友と、私も語らいを重ね、固《かた》い握手《あくしゅ》を交《か》わしてきました。

その輝く眼差《まなざ》し、誇り高く日焼《ひや》けした笑顔《えがお》、働きに働いてきた手《て》の温《ぬく》もりが、心から離《はな》れることはありません。私が見守《みまも》ってきた多くの青年《せいねん》たちが、農漁業の後継《こうけい》の道を歩《あゆ》んでくれていることも、頼《たの》もしい限りです。

大海《たいかい》と
　大地と共に
　　我《われ》は知《し》る
　　　生き抜く尊さ
　　　　いのちの力《ちから》を

宮崎は、文部科学省《もんぶかがくしょう》の「いい子どもが育つ」都道府県ランキングで、全国トップクラスです。[※8]そこからは、若き命を慈《いつく》しみ、守り励ます、家族《かぞく》や地域の麗《うるわ》しい人間模様《もよう》が浮《う》かんでくるようです。

日本の「児童福祉《じどうふくし》の父」と讃えられる石井十次《いしいじゅうじ》（高鍋町出身）は、母《はは》から「当《あた》って砕《くだ》けよ」[※9]との勇気あるチャレンジ精神《せいしん》を教えられました。その通《とお》り、若き日から、「自《みずから》を信《しん》ぜしめよ、自を信ぜしめよ……之《こ》れ其人《そのひと》をして此世《このよ》に立たしむるところの大根本《だいこんぽん》なり」[※10]と、孤児《こじ》を救済《きゅうさい》しゆく人間教育に邁進《まいしん》していったのです。

この秋《あき》も、宮崎の若人《わこうど》たちが、「あきらめ」や「無力感《むりょくかん》」の風潮《ふうちょう》を破って、自身《じしん》の青春《せいしゅん》の勝利と、社会の平和《へいわ》の連帯《れんたい》を築こうと挑戦《ちょうせん》しました。そして、三千三百人が集《つど》い、地域の先輩方《せんぱいがた》の応援《おうえん》に包《つつ》まれて、ベートーベンの第九交響曲《こうきょうきょく》の「歓喜《かんき》の歌《うた》」を高らかに歌い上げました。

青年たちが、太平洋のように大らかに、高千穂峡《たかちほきょう》の滝のように絶《た》え間《ま》なく、ふるさと宮崎を潤《うるお》していく人生であれ！　新《あたら》しい時代の開拓《かいたく》を！　と、私は祈《いの》っています。

わがいのち
尽《つ》くして　育てし
人材を
仰《あお》ぐ嬉しさ
栄光《えいこう》の旗《はた》

ロサンゼルス

共《とも》に踏《ふ》み出《だ》す開拓《かいたく》の一歩《いっぽ》

（二〇一三年八月号）

勇気《ゆうき》ある
　この第一歩に
　　未来《みらい》あり

人生《じんせい》も、社会《しゃかい》も、勇敢《ゆうかん》なチャレンジの第一歩から開《ひら》かれます。

アメリカの開拓時代《じだい》、旅人《たびびと》が街《まち》に到着《とうちゃく》すると、「どこから来《き》たか？」とは聞《き》かれませんでした。最初《さいしょ》に問《と》われたことは、「これから、どこへ行くのか？　何《なに》をするつもりなのか？」であったと言《い》います。

過去《かこ》がどうあれ、大事《だいじ》なことは、今《いま》ここから、いかなる一歩を踏み出していくかでしょう。

アメリカの友の笑顔が広がる交流のひととき
(1993年9月、ロサンゼルス近郊のサンタモニカ市)

思《おも》えば、カリフォルニアの陽光《ようこう》が降《ふ》り注《そそ》ぐ世《せ》界屈指《かいくっし》の大都市《だいとし》ロサンゼルスも、百年ほど前《まえ》では、比較的人口《ひかくてきじんこう》が少《すく》ない半砂漠地帯《はんさばくちたい》でした。二十世紀《せいき》の初《はじ》めに急成長《きゅうせいちょう》を遂《と》げたのです。

その繁栄《はんえい》を開いた大《おお》いなる一歩は、約《やく》四百キロ離《はな》れた山脈《さんみゃく》から一本《いっぽん》の水路《すいろ》を引《ひ》いたことです。四百キロといえば、東京《とうきょう》から東北《とうほく》に行けば宮《みや》城《ぎ》や岩手《いわて》、西《にし》へ進《すす》めば大阪《おおさか》や兵庫《ひょうご》ほどの直線距《きょ》離《り》になります。

それほどの遠大《えんだい》なスケールで、山岳《さんがく》地帯を越《こ》えて水《みず》を引いてきたのですから、先人《せんじん》たちの苦《く》労《ろう》が偲《しの》ばれます。

さらに、雨《あめ》があまり降《ふ》らない気候《きこう》を映画撮影《えいがさつえい》の格好《かっこう》の条件《じょうけん》として活《い》かし、ハリウッドに象徴《しょうちょう》される映画産業《さんぎょう》を発達《はったつ》させました。広大《こうだい》な砂漠地帯を、みずみずしい夢《ゆめ》と文化《ぶんか》の発信地《はっしんち》として栄《さか》えさせていったのです。

ハリウッド映画にもなった小説《しょうせつ》『怒《いか》りの葡萄《ぶどう》』『エデンの東《ひがし》』等で有名《ゆうめい》な、カリフォルニアの作家《さっか》スタインベック（一九〇二〜六八）は語《かた》っていました。

「たとえ怖《こわ》くても、新《あたら》しい試《こころ》みをするごとに驚《おどろ》きと希望《きぼう》と喜《よろこ》びがあるのです」[※1]と。

私《わたくし》の
第二の故郷《ふるさと》
ロスの空《そら》
見《み》るもの　聞くもの
すべてが名曲《めいきょく》

東京とほぼ同《おな》じ緯度《いど》に位置《いち》するアメリカ西海岸《にしかいがん》のロサンゼルスは、太平洋《たいへいよう》で結《むす》ばれた、いわば〝おとなりさん〟です。

中南米《ちゅうなんべい》やアジアから移住《いじゅう》する人々《ひとびと》も多《おお》く、英語《えいご》、スペイン語など、たくさんの言語《げんご》が飛《と》び交《か》う多様性《たようせい》の天地《てんち》です。ロサンゼルスという地名自体《ちめいじたい》が、スペイン語で「天使《てんし》たち」との意味《いみ》です。

幾多《いくた》の世界市民《しみん》から「第二の故郷」と愛《あい》され、隣人《りんじん》はもちろん、今日《きょう》、出会《であ》ったばかりの人とも、「アンジェリーノ（ロスっ子《こ》）」というだけで心《こころ》が通《かよ》い合《あ》う。それが、ロスの魅《み》力《りょく》です。

私が最初に訪《おとず》れたのは、一九六〇年の十月。空港《くうこう》で迎《むか》えてくれた友《とも》の輪《わ》に、アメリカ人と結婚《けっこん》して渡米《とべい》し、看護師《かんごし》として働《はたら》いていた日本人女性《にほんじんじょせい》がいました。重《おも》い結核《けっかく》を乗り越えながら、「縁《えん》するアメリカの人々の役《やく》に立《た》てるようになりたい」との夢を抱《いだ》いて挑戦《ちょうせん》していた、この女性に、私は法華経《ほけきょう》の「勇猛精進《ゆうみょうしょうじん》」という一節《いっせつ》を書《か》き贈《おく》りました。

彼女は、姉妹《しまい》のような友と手《て》を携《たずさ》え、勇気に燃《も》えて、まさに〝アンジェリーノの太陽《たいよう》〟となって、地域《ちいき》社会を照《て》らしていったのです。

初訪問《はつほうもん》の折《おり》には、アメリカ軍人《ぐんじん》の夫《おっと》との結婚を機《き》に渡米したものの、異国《いこく》の生活《せいかつ》になじめず悪戦苦闘《あくせんくとう》する女性たちから「日本に帰《かえ》りたい……」という声《こえ》も、多く聞きました。

その苦労《くろう》は痛《いた》いほど察《さっ》せられました。しかし、不思議《ふしぎ》な宿縁《しゅくえん》で舞《ま》い来《き》たった天地です。断《だん》じて幸福《こうふく》を勝《か》ち取《と》れないわけがない。私は、具体的《ぐたいてき》に三つのアドバイスを申《もう》し上《あ》げました。
①市民権《しみんけん》を取《と》り、良《よ》きアメリカ市民になる
②自動車《じどうしゃ》の運転免許《うんてんめんきょ》を取る
③英語をマスターする
思うにまかせぬ境遇《きょうぐう》にあって、あれこれ考《かんが》え過《す》ぎても、身動《みうご》きがとれなくなってしまう。

まず、できることから目標《もくひょう》を立てて、一歩、前へ進めば、そこから希望の活路《かつろ》が広《ひろ》がります。

それから半世紀《はんせいき》——。それぞれに、最良《さいりょう》のアメリカ市民、模範《もはん》のアメリカの母《はは》として、お子さんやお孫《まご》さん方《がた》、また、後輩《こうはい》たちに囲《かこ》まれ、悠々《ゆうゆう》と、晴《は》れやかに社会貢献《こうけん》と勝利《しょうり》の人生を飾《かざ》っておられることが、私の何よりの喜びです。

共生《きょうせい》と
和楽《わらく》の宝土《ほうど》は
此処《ここ》なりと
みなが生命《いのち》の
華《はな》を咲《さ》かせて

現在《げんざい》、ロサンゼルス国際《こくさい》空港には、世界からの飛行機《ひこうき》が発着《はっちゃく》する「トム・ブラッドレー国際線ターミナル」があります。

〝都市の顔《かお》〟である空の玄関口《げんかんぐち》に、その名《な》が冠《かん》せられたトム・ブラッドレー氏《し》は、ロサンゼルスで黒人初《こくじんはつ》の市長《しちょう》を務《つと》め、女性やマイノリティー（少数派《しょうすうは》）を積極的《せっきょくてき》に職員《しょくいん》に登用《とうよう》するなど、多人種《たじんしゅ》・多民族間《たみんぞくかん》の「懸《か》け橋《はし》」となりました。

私も一九七五年にロサンゼルス市庁舎《しちょうしゃ》を表敬訪問《ひょうけいほうもん》して以来《いらい》、身長《しんちょう》二メートルを超《こ》える偉《い》丈夫《じょうぶ》の市長と何度《なんど》もお会いしました。

異《こと》なる人種の出あいを、意見《いけん》の対立《たいりつ》や衝突《しょうとつ》へ向《む》かわせるのではなく、理解《りかい》と融合《ゆうごう》へリードし、躍動《やくどう》する価値創造《かちそうぞう》の力《ちから》として活かしていく。ここに、尊《とうと》き先人たちの祈《いの》りがあり、戦《たたか》いがありました。

二十年前、ロサンゼルスで初めてお会いした、アメリカの「人権《じんけん》の母」ローザ・パークスさんは、人種問題《もんだい》の解決《かいけつ》のカギを尋《たず》ねる女子学生《じょしがくせい》に答《こた》えて、こう語られました。

「相手《あいて》をよく知《し》り、お互《たが》いの相違《そうい》を最大《さいだい》に尊重《そんちょう》し、その上《うえ》で共通点《きょうつうてん》を見つけ出していくことにあると思います」

民族や文明《ぶんめい》など、一切《いっさい》の差異《さい》を超えた最大の共通点とは、何か。それは、皆《みな》、人間《にんげん》として、等《ひと》しく、最《もっと》も尊厳《そんげん》なる生命《せいめい》を有《ゆう》していることではないでしょうか。

一九七四年、私が名門《めいもん》カリフォルニア大学《だいがく》ロサンゼルス校《こう》での講演《こうえん》で論及《ろんきゅう》したのも、二十一世紀は「生命」の本源《ほんげん》に光《ひかり》を当《あ》てゆくべき世紀であるということでした。

「生命」あるものは、生まれ出《い》で、病《やまい》と闘《たたか》い、老《お》いと闘い、必《かなら》ず死《し》を迎えます。万人《ばんにん》が共に直面《ちょくめん》する「生老病死《しょうろうびょうし》」の苦《くる》しみに、いかに立ち向かうか。高齢《こうれい》社会が到来《とうらい》し、いやまして切実《せつじつ》な課題《かだい》となっています。
この険《けわ》しい人生の道《みち》も、多彩《たさい》な個性《こせい》の友と賢《かしこ》く仲良《なかよ》く励《はげ》まし合って進めば、心豊《ゆた》かに明《あか》るくなります。

ローザ・パークスさんとの初めての出会い
（1993年1月、ロサンゼルス）

ともあれ、「生命」そして「生老病死」こそ、二十一世紀の人類《じんるい》が挑《いど》んでいくべきフロンティア（開拓最前線《さいぜんせん》）である——。
これは、ロスで語らいを結んだ「現代化学《げんだいかがく》の父《ちち》」ライナス・ポーリング博士や、「アメリカの良心《りょうしん》」ノーマン・カズンズ博士とも深《ふか》く一致《いっち》を見た点《てん》です。

満月《まんげつ》が
人類　愛して
煌々《こうこう》と

ロスの地《ち》で、友と美《うつく》しい満月を仰《あお》いだこと

も、忘《わす》れ得《え》ぬ思い出です。

月《つき》が静《しず》かに満《み》ちていくように、一歩一歩、淡々《たんたん》と、前を見つめて歩《あゆ》み抜《ぬ》いてこそ、所願《しょがん》満足《まんぞく》の人生があるのではないでしょうか。

私と妻《つま》の友人《ゆうじん》で、満月のような笑顔《えがお》を湛《たた》えた女性がいます。ロスを拠点《きょてん》として、法曹界《ほうそうかい》で活躍《かつやく》するとともに、市民のリーダーとなって献身《けんしん》してきた方です。

この女性は幼《おさな》い頃《ころ》、母と一緒《いっしょ》に、生活が荒《あ》れた父と離別《りべつ》することになりました。さらに、結婚を決意《けつい》した男性《だんせい》からは悩《なや》まされ、胎内《たいない》に宿《やど》した生命も亡《な》くしました。

彼女は、〝学歴《がくれき》や地位《ちい》、知識《ちしき》や富《とみ》があっても、自分《じぶん》の生命を変《か》えていかない限《かぎ》り、本当《ほんとう》の幸福はない〟と痛感《つうかん》したといいます。そして、希望にあふれた友たちと支《ささ》え合って、生命尊厳の哲学《てつがく》を探究《たんきゅう》していきます。

そのなかで、かつては許《ゆる》せなかった父を看病《かんびょう》し、心を通わせ、安穏《あんのん》な人生の総仕上《そうしあ》げに尽《つ》くすこともできました。

「自分が人間革命《かくめい》すれば、環境《かんきょう》を変えることができる！」――彼女は、苦難と戦う友をどこまで勇気づけられるか、月月日日《つきづきひび》に強《つよ》く挑戦しつつ、多くの青少年《せいしょうねん》を、わが子のように育《はぐく》んでいます。

「幸福は、誰《だれ》かがもたらしてくれるものではない。自分自身《じしん》の手でつかみ取るものである」

正義《せいぎ》の旗《はた》を掲《かか》げ、満月の如《ごと》く悔《く》いなく大歓喜《だいかんき》の人生を進みゆく女性の断固《だんこ》たる信念《しんねん》です。

大地《だいち》より
　躍《おど》り出《い》でたる
　　若人《わこうど》が
　　　希望の光を
　　　　放《はな》つ嬉《うれ》しさ

カリフォルニア出身《しゅっしん》の国民的大詩人《こくみんてきだいしじん》ロバート・フロスト（一八七四〜一九六三）は、「世界を救《すく》えるのは、大胆《だいたん》、勇気、前進《ぜんしん》のみである」※2と強調《きょうちょう》しました。

勇気の一歩は、未来の世代《せだい》に受《う》け継《つ》がれます。

私は、敬愛《けいあい》するアメリカへの恩返《おんがえ》しの心を込《こ》めて、アメリカ創価《そうか》大学（ＳＵＡ）を創立《そうりつ》しました。ロサンゼルス・キャンパスを経《へ》て、同じカリフォルニア州《しゅう》のオレンジ郡《ぐん》キャンパスで、地域と共に発展《はってん》を続《つづ》けています。

教職員《きょうしょくいん》の方々は、「ＳＵＡは学生中心《ちゅうしん》の教育機関《きょういくきかん》」として、世界から集《つど》った俊英《しゅんえい》を大切《たいせつ》に薫陶《くんとう》してくださっています。学生たちは、他者《たしゃ》のため、地域社会のため、世界のために

ロサンゼルス西郊のマリブから青く輝く太平洋を望む（著者撮影）

「貢献的人生を生《い》きよう」と大情熱《だいじょうねつ》で学《まな》び抜いてくれています。生命尊厳、また、人間主義《しゅぎ》を根幹《こんかん》とした地《ち》球《きゅう》文明の揺籃《ようらん》と光っていることが、私の誇《ほこ》りです。

ありがたいことは、このSUAの精神《せいしん》に賛同《さんどう》して、世界中の母たち、女性たちが、深い深い真心《まごころ》で支えてくださっていることです。

地元《じもと》の皆さんは、伝統《でんとう》の祭日《さいじつ》などに学生を家庭《かてい》に招《まね》き、激励《げきれい》してくださっています。学生は、その団《だん》らんのなかでアメリカの生活文化を思い出深く吸収《きゅうしゅう》しているのです。

大学スタッフの皆さんは、長期《ちょうき》の休《やす》みに実家《じっか》に帰らず勉強《べんきょう》を続ける学生のためにも、心のこもった食事《しょくじ》を、よく差《さ》し入《い》れてくださっています。

キャンパスの整備《せいび》等に当たるスタッフからも、その出身国の〝生きた言語〟を学び、心の交流《こうりゅう》を重《かさ》ねる学生が多くいます。

SUAの学生たちは、陰《かげ》で支えてくださる方々に感謝《かんしゃ》を捧《ささ》げながら、最優秀《さいゆうしゅう》の学力と人《じん》格《かく》を錬磨《れんま》して、社会へ、世界へ、堂々《どうどう》と羽《は》ばたくのです。

生命を慈《いつく》しむ女性たちの心は、カリフォルニアの大空《おおぞら》と大海原《おおうなばら》のように、大きく寛《ひろ》やかです。その心に包《つつ》まれて、わが向学《こうがく》の英才《えいさい》たちが、新《あら》たな開拓の一歩を踏み出してくれています。

今日より明日《あす》へ、この一歩前進とともに、「生命尊厳」と「人間共和」の希望の光が広がりゆくことを、私は確信《かくしん》してやみません。

大いなる
　女性のスクラム
　　生き生きと
　　　希望と幸《さち》の
　　　　アメリカ　万歳《ばんざい》

島《しま》根《ね》

行く手かがやく光《ひかり》の都《みやこ》

（二〇一五年三月号）

山光《やまひか》り
湖光《みずうみ》る
ふるさとに
己《おのれ》のいのちの
輝《かがや》き加《くわ》えよ

いずこにも、その土地《とち》ならではの「いのちの光」があります。天《てん》や地《ち》も、山や海《うみ》も、川《かわ》や湖も、人々《ひとびと》の心《こころ》も、瞬間《しゅんかん》瞬間、光を放《はな》ちます。

この光を、ひときわ深《ふか》く、温《あたた》かく、豊《ゆた》かに発《はっ》している〝日本のふるさと〟こそ、山陰地《さんいんち》方《ほう》、すなわち島根《しまね》・鳥取両県《とっとりりょうけん》ではないでしょうか。

松江から出雲への道中に広がる、山光る天地。
水田や川面のように煌めく心で、皆の生命を支える農の営みが続く（著者撮影）

島根の枕木山《まくらぎさん》に登《のぼ》って見《み》わたせば、中海《なかうみ》、宍道湖《しんじこ》が輝き、歴史《れきし》ある松江《まつえ》の都が照《て》り映《は》えています。

日御碕《ひのみさき》から日本海を望《のぞ》めば、青空《あおぞら》に白雲《はくうん》が、紺碧《こんぺき》の海に白波《しらなみ》が、眩《まぶ》しく光っています。

この岬《みさき》に立《た》つ、日本一高《たか》い灯塔《とうとう》を持《も》った白亜《はくあ》の灯台《とうだい》の光は、暗夜《あんや》をゆく船《ふね》を安穏《あんのん》の航路《こうろ》へ導《みちび》きます。

そして、島根には、自《みずか》らのいのちを燃焼《ねんしょう》させて、その光で人を照らし、その熱《ねつ》で世《よ》を温めゆく、愛《あい》すべき友《とも》がおります。

尊《とうと》き「いのちの光」に満《み》ちた山陰を、「山光《さんこう》」と愛称《あいしょう》することを、私が提唱《ていしょう》したのは、三十年ほど前《まえ》のことでした。

負《ま》けないと
頭《こうべ》を上《あ》げて
咲《さ》き薫《かお》る
笑顔《えがお》の牡丹《ぼたん》は
あなたの心よ

「島根」の「島」の文字《もじ》には「拠《よ》り所《どころ》」の意義《いぎ》、「根」には「物事《ものごと》の元《もと》」の意義があります。あらゆるものの根本《こんぽん》となっていく力《ちから》を帯《お》びた名前《なまえ》ではないでしょうか。

一《ひと》つの根から多《おお》くの花《はな》が咲くように、一人《ひとり》の確固《かっこ》たる心根《こころね》から郷土《きょうど》の繁栄《はんえい》が花開《ひら》くものです。

県花《けんか》であり、花の王《おう》である牡丹の日本一の産地《さんち》・大根島《だいこんじま》にも、忘《わす》れ得《え》ぬ母《はは》がいました。娘《むすめ》さんと共《とも》に、高齢《こうれい》のご家族《かぞく》や親族《しんぞく》の介護《かいご》に勤《いそ》しみながら、地域《ちいき》の発展《はってん》に尽《つ》くしてこられました。

毎日《まいにち》毎日、たゆまず積《つ》み重《かさ》ねてきた人知《し》れぬ奮闘《ふんとう》は、皆《みな》を包《つつ》まずにはおかない、馥郁《ふくいく》たる人格《じんかく》となって開花《かいか》します。折々《おりおり》にお届《とど》けいただいた牡丹の花便《だよ》りは、誇《ほこ》り高い生命《せいめい》の宝《ほう》冠《かん》のように思《おも》えてなりません。

私が度々《たびたび》お宅《たく》に伺《うかが》った、松江の友人《ゆうじん》ご一家《いっか》も、苦境《くきょう》の冬《ふゆ》を乗《の》り越《こ》え、幸福《こうふく》の春《はる》を開きました。

父《ちち》は自動車工場《じどうしゃこうじょう》で成功《せいこう》を収《おさ》めましたが、家庭《かてい》は不和《ふわ》で荒《あ》れていました。病弱《びょうじゃく》な母は紫斑病《しはんびょう》などに苦《くる》しみ、心も病《や》んで命《いのち》を絶《た》とうと思いつめるほどでした。可憐《かれん》な三人娘は胸《むね》を痛《いた》めました。

心配《しんぱい》して何度《なんど》も足《あし》を運《はこ》んでくれた友の真心《まごころ》にふれ、母も、そして一家も立ち上がります。どんな宿命《しゅくめい》も転換《てんかん》できると希望《きぼう》を持って、新《あら》たな前進《ぜんしん》の一歩《いっぽ》を踏《ふ》み出《だ》したのです。地域の友と励《はげ》まし合《あ》い、人のため、社会《しゃかい》のためにと行動《こうどう》するなかで、いつしか明《あか》るく和《なご》やかな笑《わら》い声《こえ》が家《いえ》に響《ひび》き始《はじ》めます。

母はすっかり元気《げんき》になって、愛用《あいよう》のビニール靴《ぐつ》を一月《ひとつき》に一足《いっそく》はきつぶすほど歩《ある》きに歩き、友を励ましていきました。悩《なや》める友には〝雨《あめ》がふったら自分《じぶん》がカサとなる〟慈愛《じあい》で接《せっ》し、皆から「おかあさん」と慕《した》われたのです。

三人のお嬢《じょう》さん方《がた》は「母は私の誇りです」と、その生《い》き方《かた》を仲良《なかよ》く受《う》け継《つ》いでいます。夕日《ゆうひ》に映《は》える美《うつく》しい宍道湖のように、皆に喜《よろこ》びと安《やす》らぎを贈《おく》る人生《じんせい》を生き抜きたい——尊き母の志《こころざし》に、多くの女性《じょせい》たちが続《つづ》いています。

だんだんね(ありがとう)!——島根の魅力を満載した、
安来節のパネルの歓迎。友の真心に感謝(1991年9月、安来市)

私の恩師《おんし》・戸田城聖先生《とだじょうせいせんせい》は、明るく楽《たの》しい安来《やすぎ》節《ぶし》が大好《だいす》きでした。皆を喜ばせようと、自ら踊《おど》られ、私も一緒《いっしょ》に踊った思い出があります。

安来節には「紅《あか》いリンゴを　並《なら》べたような　子《こ》等《ら》の寝顔《ねがお》に母の笑《え》み」※1という素唄《すうた》があります。

この昔《むかし》ながらの母の慈愛を深く湛《たた》えて、島根では「子ども読書県《どくしょけん》しまね」の最先端《さいせんたん》の取《と》り組《く》みが、多角的《たかくてき》に進《すす》められています。

家庭における「家読《うちどく》」の普及《ふきゅう》をはじめ、乳幼児《にゅうようじ》健診《けんしん》の機会《きかい》に絵本《えほん》を贈る「ブックスタート」も推《すい》進《しん》されています。

絵本は、母の温《ぬく》もりある声を通《とお》して、赤《あか》ちゃんの心に響きます。それは赤ちゃんの笑い声となって、母子の絆《きずな》を強《つよ》くするでしょう。

母の声こそ、いのちを育《はぐく》み、心の世界《せかい》を豊かにし、笑顔を灯《とも》す、平和《へいわ》と歓喜《かんき》の響きなのです。

輝く宍道湖畔で島根の青年たちと語らう。青空も、湧き立つ雲も、
爽やかな風も、静かな波音も、青年の未来にエールを（1972年9月）

民《たみ》の謡《うた》
歌《うた》い響けば
ふるさとの
花も緑《みどり》も
鳥《とり》も踊らむ

かつて島根には豪雨《ごうう》の被害《ひがい》が度重《たびかさ》なりました。

「昭和《しょうわ》四十七年（一九七二年）七月豪雨」の際《さい》、お見舞《みま》いに駆《か》けつけることができたのは二カ月後《ご》でしたが、島根の友の不《ふ》屈《くつ》の姿《すがた》に深く感銘《かんめい》しました。

様々《さまざま》な難題《なんだい》に向《む》き合いながらも、「わがふるさとを一番《いちばん》幸福の楽土《らくど》にするのだ」と心を決《き》めて、地域の復興《ふっこう》へ、郷土の発展へと奔走《ほんそう》していたのです。

この時《とき》、私たちが目標《もくひょう》にしたことは、翌年《よくねん》、盛大《せいだい》に文化《ぶんか》の祭典《さいてん》を開催《かいさい》することでした。苦難《くなん》に打《う》ち勝《か》つ心意気《こころいき》として、郷土の伝統《でんとう》文化を、楽しく朗《ほが》らかに宣揚《せんよう》することを、大《おお》いなる希望に掲《かか》げたのです。

島根は、弥生時代《やよいじだい》の遺跡《いせき》から日本最大量《さいだいりょう》の銅剣《どうけん》・銅鐸《どうたく》が発見《はっけん》された、古代《こだい》における文化の最先進《さいせんしん》地域です。

さらに近世《きんせい》には、歌舞伎《かぶき》の創始者《そうししゃ》として知られる出雲《いずも》の阿国《おくに》も、島根ゆかりの女性と伝《つた》えられています。

私が語《かた》らいを重ねた作家《さっか》・有吉佐和子《ありよしさわこ》さんは、この阿国を小説《しょうせつ》で蘇《よみがえ》らせました。

それは、ふるさとの斐伊川《ひいかわ》の音《おと》、風《かぜ》の音、鳥の声、民謡《みんよう》の声などに身《み》も心も踊らせ、稲《いね》刈《か》りに汗《あせ》する庶民《しょみん》の歌や動作《どうさ》からも、可愛《かわい》い幼子《おさなご》の身振《みぶ》りからも、素晴《すば》らしい音楽舞踊を発見していく女性です。

その物語《ものがたり》では、こう綴《つづ》られています。

「唄うたあと、踊ったあと、唄聞《き》いたあと、踊り観《み》たあとに、何《なに》が残《のこ》るか」

「楽しんだ心が残る」※2

皆と共に、心に喜びを！　この願《ねが》いに文化の真髄《しんずい》があると言《い》ってよいでしょう。

郷土の自然《しぜん》は文化の源《みなもと》です。農《のう》は文化の母です。生活《せいかつ》には文化の泉《いずみ》があります。

一九七三年、島根の友は、隣県《りんけん》・鳥取の友人たちと手を携《たずさ》えて、郷土まつりを大成功させました。

「人間《にんげん》の復活《ふっかつ》」をテーマとし、多彩《たさい》な伝統芸能《げいのう》に、現代的《げんだいてき》な要素《ようそ》を加え、郷土に生きる喜びを爆発《ばくはつ》させて表現《ひょうげん》したのです。

舞台《ぶたい》は、賑《にぎ》やかな松江伝統の「鼕行列《どうぎょうれつ》」で幕《まく》を開《あ》けました。

島根の「安来節」「大漁節《たいりょうぶし》」「関《せき》の五本松《ごほんまつ》」「田植《たう》えばやし」、隠岐島《おきのしま》の「しげさ節」などの名演《めいえん》が続きました。

皆が、忙《いそが》しい仕事《しごと》や勉強《べんきょう》、家事《かじ》の合間《あいま》に練習《れんしゅう》を重ねて創《つく》り上げた、尊い民衆芸術《みんしゅうげいじゅつ》です。

この祭典で、はつらつと熱演《ねつえん》を見せてくれた若人《わこうど》たちが立派《りっぱ》に成長《せいちょう》し、今《いま》、自分のいる〝舞台〟で活躍《かつやく》している英姿《えいし》も嬉《うれ》しい限《かぎ》りです。

それぞれの郷土の特色《とくしょく》を活《い》かした地方文化の創造《そうぞう》で、島根は卓越《たくえつ》した模範《もはん》を示《しめ》しています。

創価大学《そうかだいがく》に学《まな》んだ女性は、安来節の全国優勝大会《ぜんこくゆうしょうたいかい》で日本一となりました。

「苦しい思いをされている方々に、満開《まんかい》の笑顔の花を咲かせたい」と語る彼女《かのじょ》は、東日本《ひがしにほん》大震災《だいしんさい》の被災地・東北《とうほく》でも安来節を披露《ひろう》しました。「こんなに笑ったの、いつ以来《いらい》かしら」「勇気《ゆうき》をいただきました」等《とう》と、喜びの輪《わ》が幾重《いくえ》にも広《ひろ》がったといいます。

われ叫《さけ》ぶ
　隠岐に尽くせる
　　友のため
　　　幸《さち》の風　吹《ふ》け
　　　　歓喜の波《なみ》　舞《ま》え

作家・小泉八雲《こいずみやくも》（ラフカディオ・ハーン）が隠岐島を訪《おとず》れ、感嘆《かんたん》したのは、じつに正直《しょうじき》で善意《ぜんい》に溢《あふ》れた島の人々でした。

「どこでもすばらしい強い男《おとこ》たちと元気いっぱいの女《おんな》たちを見た」※3とも綴《つづ》っています。

わが隠岐島の友たちも、一人一人が人情味《にんじょうみ》ある笑みを輝かせ、一人立つ強い決心《けっしん》で、愛する島の繁栄に尽くしてきました。

隠岐には、日本海の海上交通《かいじょうこうつう》の要衝《ようしょう》として各地《かくち》の人と物《もの》が盛《さか》んに交流《こうりゅう》した、独自《どくじ》の文化があります。

また、日本随一《ずいいち》と讃《たた》えられる海岸《かいがん》をはじめ、美しい自然に満ちています。海岸付近《ふきん》に高《こう》山植物《ざんしょくぶつ》が生《は》えるなど、生命の不思議《ふしぎ》さや奥深《おくぶか》さに迫《せま》るチャンスを見出《みいだ》せるといいます。

さらに、地球《ちきゅう》の歴史を映《うつ》し出《だ》す貴重《きちょう》な地質遺産《ちしついさん》があります。隠岐片麻岩《へんまがん》には三十億年前《おくねんまえ》の鉱物《こうぶつ》が含《ふく》まれており、隠岐の地質から、日本列島《れっとう》の成《な》り立《た》ちも窺《うかが》うことができるというのです。

二〇一三年、隠岐諸島《しょとう》は、世界的に重要《じゅうよう》な地質遺産を持つ自然公園《こうえん》（世界ジオパーク）に認定《にんてい》されました。

私の信頼《しんらい》する青年《せいねん》たちも、この〝いのちの輝き〟を教《おし》えてくれる悠久《ゆうきゅう》の地の宣揚に、大いに献身《けんしん》してくれました。

青空に
　雲《くも》 湧《わ》くごとく
　　人出《い》でよ
　　　青年出でよと
　　　　天地に祈《いの》らむ

相撲《すもう》発祥《はっしょう》の地と言われるにふさわしく、松江藩《はん》は、常勝《じょうしょう》の雷電為右衛門《らいでんためえもん》のほか、強豪力《きょうごうりき》士《し》たちを送《おく》り出《だ》し、全国に名を轟《とどろ》かせました。

その島根の少年《しょうねん》たちと相撲をとったことも楽しい思い出です。

「目《め》もはろ〴〵と桃色《ももいろ》の／春のくも行く大空《おおぞら》を／仰《あお》ぎて立てる若人に」※4と始まる、旧制《きゅうせい》松江高等学校寮歌《こうとうがっこうりょうか》「青春《せいしゅん》の歌」を、若《わか》き英才《えいさい》たちと声高らかに合唱《がっしょう》したこともあります。津和野出身《つわのしゅっしん》の明治《めいじ》の文豪《ぶんごう》・森鷗外《もりおうがい》は小説に、純粋《じゅんすい》な青春の「ひとみの光」※5に接すると晴《は》れやかになると描《えが》きました。近代《きんだい》も数多《あまた》の人材《じんざい》を生み出してきた島根には、若き生命を宝《たから》として育み、伸《の》ばしゆく「人づくり」の気風《きふう》があります。

日本の女性教育の道《みち》を大きく開いた上代《じょうだい》タノさん（雲南市《うんなんし》出身）は、どんなに複雑《ふくざつ》な難《むずか》しい時代にあっても、決《けっ》して受《う》け身《み》にならず、自主的《じしゅてき》に生きることを訴《うった》えました。

「私どもは自分から進んで自分の人生にチャレンジする人間とならなければならない」※6と。

今の時代に、ますます求められているのは、青年に対《たい》する、私たち大人《おとな》の励ましでしょう。

昨年、地域の先輩方《せんぱいがた》の応援《おうえん》のもと、島根の青年たちが、大田《おおだ》市や隠岐の島町に集《つど》い、「スタート！　すべてはわたしから始まる」をテーマに、新時代を創る連帯《れんたい》の大会を、凜々《りり》しく元気に行《おこな》いました。

島根の県民《けんみん》の歌には、「行手《ゆくて》かゞやく　光あり」※7とあります。この山光の天地に、いやまして「いのちの光」が満ち溢《あふ》れゆくことを、私はふるさとを思う心で、祈っております。

春風《はるかぜ》は
　天地の微笑《ほほえ》み
　　君《きみ》もまた
あの人この人
　明るく包みて

ブラジル

負《ま》けない人《ひと》が「勝利《しょうり》の女王《じょおう》」

（二〇一四年三月号）

ブラジルの
サンバのごとく
賑《にぎ》やかに
友《とも》に幸福《こうふく》
踊《おど》り来《き》たれよ

「太陽《たいよう》」は、いつも、たえまなく回転《かいてん》する我《われ》らの地球《ちきゅう》のどこかを照《て》らしています。同《おな》じように、「太陽の心《こころ》」を持《も》つ女性《じょせい》たちは、いつも、地球のどこかの地域《ちいき》を照らしています。日本の女性が曙《あけぼの》の光《ひかり》を浴《あ》びて一日《いちにち》の活動《かつどう》を始《はじ》める時《とき》、地球の反対側《はんたいがわ》のブラジルの女性は夕焼《ゆうや》けに包《つつ》まれて一日を終《お》えようとするところです。

日本とブラジルの時差《じさ》は十二時間《じかん》。朝《あさ》と夕《ゆう》、昼《ひる》と夜《よる》が逆《ぎゃく》なのです。それぞれ北半球《きたはんきゅう》と南《みなみ》半球ですから、季節《きせつ》も日本が春《はる》の時にブラジルは秋《あき》、夏《なつ》の時には冬《ふゆ》となります。

地球上《ちきゅうじょう》で、今《いま》、この時に、まったく対照的《たいしょうてき》なリズムで生活《せいかつ》を営《いとな》んでいる、はるかな友に思《おも》いを馳《は》せると、心が豊《ゆた》かに広《ひろ》がります。

今日《きょう》も新《あら》たな朝に、明《あか》るいブラジルの友人《ゆうじん》たちから「太陽の心」を受《う》け継《つ》いで、楽《たの》しく勢《いきお》いよくスタートしていきたいものです。サンバのごとく！

リオデジャネイロ南部の
海岸近くにそびえる巨大な岩山
「ペドラ・ダ・ガヴェア」の絶景
（著者撮影）

わが心
翼《つばさ》となりて
南米《なんべい》へ
善《よ》き友の待《ま》つ
天地《てんち》を巡《めぐ》らむ

ブラジルの友と語《かた》らうなかで、よく耳《みみ》にする言《こと》葉《ば》は「エスペランサ（希《き》望《ぼう》）」です。

今は、どんなに苦《くる》しくとも、絶対《ぜったい》に負けない！

ここを耐《た》え抜《ぬ》けば、いつかは必《かなら》ず良《よ》くなる。

明日《あす》にはまた、新《あたら》しい陽《ひ》が昇《のぼ》る。

何《なに》があろうとも、前《まえ》へ前へ！

――ブラジルの母《はは》たち、女性たちの微笑《ほほえ》みにも、不屈《ふくつ》の「希望」が光《ひか》っています。

ブラジルをはじめ中南米の発展が、世界の平和と繁栄の原動力となる。これは、若《わか》き日《ひ》から恩師《おんし》・戸田城聖《とだじょうせい》先生と語り合ってきた、師弟《してい》の希望でした。

恩師も行きたいと念《ねん》じていたブラジルへ、私が初《はじ》めて向《む》かったのは一九六〇年。遠《とお》い道《みち》のりでした。アメリカからの移動《いどう》の直前《ちょくぜん》に体調《たいちょう》を崩《くず》し、周囲《しゅうい》からは止《と》められましたが、「たとえ途中《とちゅう》で倒《たお》れても構《かま》わない」との決心《けっしん》で、ブラジルの大地《だいち》を踏《ふ》みしめたのです。

今は交通《こうつう》の便《べん》も格段《かくだん》によくなりました。それでもブラジルから日本へ訪《たず》ねてくれる友を迎《むか》えるたびに、その遠来《えんらい》の労《ろう》が偲《しの》ばれてなりません。

私が初訪問《はつほうもん》のブラジルで真《ま》っ先《さき》に視察《しさつ》したのは、サンパウロに日系人《にっけいじん》の方《かた》が設立《せつりつ》した産《さん》業組合《ぎょうくみあい》でした。日本とブラジルの懸《か》け橋《はし》となって、農業《のうぎょう》に貢献《こうけん》していた先駆者《せんくしゃ》たちの日焼《ひや》けした顔《かお》には、開拓《かいたく》の誇《ほこ》りが輝《かがや》いていました。友人のお宅《たく》にお邪魔《じゃま》し、仕事《しごと》や地域社会《しゃかい》で直面《ちょくめん》しているご苦労《くろう》を伺《うかが》い、励《はげ》まし、共《とも》に希望を見出《みいだ》していったことも、懐《なつ》かしい思い出です。

一九六六年、二度目《どめ》のブラジル訪問の時、リオデジャネイロでは、友と一緒《いっしょ》にコルコバードの丘《おか》に登《のぼ》り、市街《しがい》を一望《いちぼう》しました。その際《さい》、道端《みちばた》の苗木《なえぎ》を見ながら、今は小《ちい》さくとも、十年、二十年後《ご》には立派《りっぱ》な大樹《たいじゅ》になる、皆《みな》の苦労も同じだねと語り合ったものです。

行く先々《さきざき》で出会《であ》いを結《むす》んだ父母《ちちはは》たちの心には、苦難《くなん》に挑《いど》む負けじ魂《だましい》が燃《も》えていました。わが地域のため、愛《あい》するブラジルのため、自分《じぶん》は大地の土《つち》となり、あとに続《つづ》く青年《せいねん》たちが大樹となり、花《はな》を咲《さ》かせ、実《み》をつけられるように尽《つ》くしていくのだ、と。そして、その通《とお》りに人材《じんざい》の花を咲かせ、希望の実《みの》りを広げてこられたのです。

心から
　愛するブラジル
　　わが友は
　　　天使《てんし》のごとく
　　　　何も恐《おそ》れず

一九八四年、私は念願《ねんがん》かなって、十八年ぶりに、三度目の訪問を果《は》たすことができました。当時《とうじ》のフィゲイレド大統領《だいとうりょう》から招聘《しょうへい》をいただき、この折《おり》には、首都《しゅと》ブラジリアの大統領府《ふ》で会見《かいけん》の運《はこ》びとなりました。

サンパウロでは、二万三千人の友の乱舞《らんぶ》する大文化祭《だいぶんかさい》が劇的《げきてき》に開《ひら》かれました。軍事政権《ぐんじせいけん》下《か》で続いた、言論《げんろん》や文化の自由《じゆう》の弾圧《だんあつ》を乗《の》り越《こ》えてきた友の歓喜《かんき》が爆発《ばくはつ》する祭典《さいてん》となったのです。

少年少女《しょうねんしょうじょ》の演技《えんぎ》も、乙女《おとめ》やヤング・ミセスのダンスも、鼓笛隊《こてきたい》の演奏《えんそう》も、世界平和の旗《はた》を掲《かか》げて立《た》ち上《あ》がった青年たちの五段円塔《ごだんえんとう》も、圧巻《あっかん》でした。さらに、ブラジルの国旗《こっき》などを鮮烈《せんれつ》に描《えが》き出《だ》した電照《でんしょう》の人文字《ひともじ》も、そして、皆が一体《いったい》となった「ピケ！　ピケ！　ピケ！」の歓呼《かんこ》の歌声《うたごえ》も、すべてが胸《むね》に焼《や》きついて離《はな》れません。

来賓《らいひん》として出席《しゅっせき》された各界《かっかい》のリーダーの方々も、人間《にんげん》は同じ人間として、かくも美《うつく》しく共感《きょうかん》し、協調《きょうちょう》し、団結《だんけつ》していけるのかと、絶讃《ぜっさん》の拍手《はくしゅ》を惜《お》しまれませんでした。

「団結」を大切《たいせつ》にした、ブラジリアの設計者《せっけいしゃ》である大建築家《だいけんちくか》オスカー・ニーマイヤー氏《し》は訴《うった》えました。

「重要《じゅうよう》なのは、誰《だれ》かを助《たす》けるために自分が存在《そんざい》することです」

「われわれの社会をより人間的なものへと変《か》えなければなりません。他人《たにん》のために助け合

うことを喜《よろこ》びと感《かん》じる社会です」※1

首都ブラジリアのロジェリオ・ピットン・ファリアス公園（当時）に集った友と記念撮影（1984年2月）

真剣《しんけん》の
努力《どりょく》の先は
大勝利

今年《ことし》は、サッカーのワールドカップがブラジルで行《おこな》われます。さらに二〇一六年には、南米初の夏季《かき》オリンピックがリオデジャネイロで予定《よてい》されています。

美麗《びれい》な海岸《かいがん》と山並《やまな》みに包まれ、南十字星《みなみじゅうじせい》の光にも照らされるリオデジャネイロの讃歌《さんか》には、「すばらしい町《まち》、わがブラジルの心／人々の魂の中《なか》に生《い》きる／サンバと美しい歌《うた》の揺《ゆ》りかご／おまえはほがらかに歌う」※2とあります。

わが地域を「すばらしい町」と喜べる人生《じんせい》には美

しい歌があります。

自分たちの努力で「すばらしい町」を築《きず》きゆく人生には朗《ほが》らかな歌があります。

ブラジルは、日本をはじめ世《せ》界中《かいじゅう》から移民《いみん》を受《う》け入《い》れ、互《たが》いの違《ちが》いを乗り越えて、多様《たよう》なルーツを持つ人々と文化がダイナミックに融合《ゆうごう》する社会を築いてきました。ブラジルの天地で、音楽《おんがく》の名曲《めいきょく》が次々《つぎつぎ》と生《う》み出《だ》されてきた、尽きることのない源泉《げんせん》も、ここにあると指摘《してき》されています。

私の友人であるブラジルの大音楽家アマラウ・ビエイラ氏は、若き日から、ピアノの道で、真剣な努力を貫《つらぬ》き通《とお》してこられました。

そもそも、人は、なぜ音楽を求《もと》めるのか?

ビエイラ氏は、生命自体《せいめいじたい》に、周《まわ》りの自然《しぜん》や人間とのハーモニー（調和《ちょうわ》）を求める善性《ぜんせい》が備《そな》わっているからと、洞察《どうさつ》されていました。

「ピアノ」の語源《ごげん》は、発明《はつめい》当時（十八世紀《せいき》）、他《ほか》の鍵盤楽器《けんばんがっき》よりも多《おお》くの音《おと》を出せたことから、「ピアノ・エ・フォルテ（弱《よわ》い音から強《つよ》い音まで）」と呼《よ》ばれたことにあるといいます。[※3]

ピアノの八十八の鍵盤から、変幻自在《へんげんじざい》に多彩《たさい》な音が繰《く》り出され、妙《たえ》なる協奏《きょうそう》の調《しら》べが織《お》り成《な》されていく——それと同様《どうよう》に、不協和音《ふきょうわおん》が渦巻《うずま》く現実《げんじつ》社会でこそ、一人《ひとり》一人が生命の善性を解《と》き放《はな》ち、結び合い、麗《うるわ》しいハーモニーを奏《かな》でていくべきではないでしょうか。

朗らかに
楽しく栄《さか》えむ
ブラジルは
皆が健康《けんこう》
皆が幸福

日々の生活のなかで、歓喜と平和の交響楽《こうきょうがく》を奏でゆく中心《ちゅうしん》の指揮者《しきしゃ》は、やはり母でしょう。

「世界人権宣言《じんけんせんげん》」の起草《きそう》に尽力《じんりょく》された、ブラジル文学《ぶんがく》アカデミーのアタイデ総裁《そうさい》が、母君《ははぎみ》の思い出を語ってくださったことがあります。

九十代半《だいなか》ばの総裁は、「母は陽気《ようき》で笑いを絶《た》やさない人でした」※4と振《ふ》り返《かえ》られました。

いつも乙女のように生き生きとしていたのは、なぜか。〝十二人の子《こ》どもたちをはじめ、その倍以上《ばいいじょう》の数《かず》の孫《まご》や、見知《みし》らぬ他人の子どもたちまで育《そだ》て、生きる喜びを送《おく》ることを自分の最大《さいだい》の喜びとしてきたから〟と言《い》われるのです。

総裁とは、いかなる出生《しゅっしょう》や境遇《きょうぐう》でも「人間は人間である」※5がゆえに差別《さべつ》されてはならず、誰もが偉大《いだい》な可能性《かのうせい》を開き、人間の尊厳《そんげん》を輝かせていく道を論《ろん》じ合いました。

その大《おお》いなる原動力こそ、「生きる喜び」を広げる母たち、女性たちの励ましです。

微笑み、手を振る温かな眼差しの先には、
ブラジルの友の笑顔が（1993年2月）

私と妻《つま》がよく知《し》る京都出身《きょうとしゅっしん》の女性は、二十代で夫《おっと》と共にブラジルへと渡《わた》りました。

喘息《ぜんそく》を克服《こくふく》してきた体験《たいけん》を持つ彼女《かのじょ》は、メモ用紙《ようし》に書《か》いた片言《かたこと》のポルトガル語《ご》を頼《たよ》りに、三人の幼子《おさなご》を抱《かか》えながら、何十キロと離れた友のもとへも激《げき》励《れい》に通《かよ》いました。「変毒為薬《へんどくいやく》（毒を変じて薬《くすり》と為《な》す）」という東洋《とうよう》の哲理《てつり》を、力強《ちからづよ》く語り続けたのです。

彼女たちの真心《まごころ》の励ましによって、自他《じた》共の幸福のために行動《こうどう》する女性のスクラムが、ブラジル全土《ぜんど》に躍動《やくどう》しています。

ある一人の母は、巨額《きょがく》の負債《ふさい》を抱えた夫の工場《こうじょう》の倒産《とうさん》や、足《あし》の切断《せつだん》を迫《せま》られる自身《じしん》の難《なん》病《びょう》などの宿命《しゅくめい》に打《う》ち勝《か》って、一家《いっか》の和楽《わらく》を築き、地域社会のために尽くし、幾百人の苦悩《くのう》の友人を蘇生《そせい》させてきました。彼女は、こう語っていました。

「幸《しあわ》せになるために、一番必要《いちばんひつよう》なのは勇気《ゆうき》です！　大切なのは、友の心に希望の哲学《てつがく》の種《たね》を蒔《ま》くことです。そして、関《かか》わり続け、励まし続けることです」と。

憧《あこが》れの
いのちの園《その》か
アマゾンは
皆に尊《とうと》き
使命《しめい》の輝き

世界屈指《くっし》の広大《こうだい》な国土《こくど》を誇るブラジルには、北部《ほくぶ》のアマゾン、中部《ちゅうぶ》のパンタナール（大湿原《だいしつげん》）、南部《なんぶ》のイグアスの滝《たき》といった大自然の営みが広がっています。

アマゾンの熱帯雨林《ねったいうりん》には世界の生命種《せいめいしゅ》の三分《ぶん》の一が生息《せいそく》しているとされます。いのちといのちが無限《むげん》の絆《きずな》でつながり支《ささ》え合う、世界第一《だいいち》の〝生命の宝庫《ほうこ》〟です。

「平和と自然と生命のための戦《たたか》いを起《お》こしていこう！」とは、私が交流《こうりゅう》を重《かさ》ねてきたアマゾンの大詩人《だいしじん》チアゴ・デ・メロ氏の叫《さけ》びです。わが友人たちは、かけがえのないアマゾンの環境《かんきょう》の保全《ほぜん》と、人々の啓発《けいはつ》に奔走《ほんそう》してきました。

アマゾンのオオオニバス（スイレンの一種《いっしゅ》）は、多くのいのちを包むように直径《ちょっけい》二メートルに及《およ》ぶ大きな葉《は》を持ち、泥《どろ》のなかから清浄無比《せいじょうむひ》な花を咲かせます。このスイレンの学名は「勝利」という名《な》の女王に由来《ゆらい》します。私と妻にとって、スイレンにつけられた「勝利の女王」という名前は、「心と心」の絆を守《まも》り広げている、何があっても負けないブラジルの母たち、女性たちの称号《しょうごう》と思えてならないのです。

ブラジルの女性詩人コラ・コラリーナは、青年への指針《ししん》として、「人生を愛すること」「戦いをあきらめないこと」「悲観的《ひかんてき》な言葉や考《かんが》えは排除《はいじょ》すること」「人間の価値《かち》を信《しん》じること」「人間の連帯《れんたい》を信じること」などを呼びかけました。

まさに「太陽の心」と言ってよいでしょう。

私たちも、今日一日、この「太陽の心」を悔《く》いなく輝かせ切《き》って、そして、新しい一日をスタートするブラジルの友へ、元気《げんき》いっぱいに託《たく》していきたいと思うのです。

偉大なる
勝利の歴史《れきし》を
飾《かざ》りたる
大ブラジルの
栄光讃《えいこうたた》えむ

栃《とち》木《ぎ》

語《かた》らい楽《たの》しき人生《じんせい》の並木路《なみきみち》

（二〇一五年五月号）

日光《にっこう》が
雲《くも》払《はら》いゆく
明《あか》るさで
励《はげ》まし語らむ
絆《きずな》 広《ひろ》げて

語らいあるところ、心《こころ》がはずみます。
語らいあるところ、人《ひと》が結《むす》ばれます。
語らいあるところ、和楽《わらく》が生《う》まれます。
身近《みぢか》な家庭《かてい》や地域《ちいき》から、和気藹々《わきあいあい》と座談《ざだん》が広がれば、どれほど平和《へいわ》が輝《かがや》くことでしょうか。

冷《つめ》たい無関心《むかんしん》や悪口《あっこう》が渦巻《うずま》く時代《じだい》だからこそ、明るい温《あたた》かな励ましの言葉《ことば》を交《か》わしていきたいものです。


私の好《す》きな〝語らい〟の名画《めいが》があります。

麗《うるわ》しい五月の頃《ころ》、農作業《のうさぎょう》の中休《なかやす》みに、夫婦《ふうふ》と子《こ》どもたちが、花咲《はなさ》く畑《はたけ》の傍《かたわ》らで敷物《しきもの》に座《すわ》り、にこやかに団《だん》らんしています。栃木県《けん》さくら市出身《ししゅっしん》である荒井寛方《あらいかんぽう》画伯《がはく》の「温和《おんわ》」という作品《さくひん》です。

また、「調和《ちょうわ》は美《び》であり同時《どうじ》に力《ちから》である」※1と、画伯は綴《つづ》っていました。人と人も、仲良《なかよ》きことで、美《うつく》しく、強《つよ》くなるのです。

栃木の皆《みな》さんは、とても人柄《ひとがら》のよい方々《かたがた》です。私には、心温まる思《おも》い出《で》がたくさんあります。

小学校《しょうがっこう》でお世話《せわ》になった担任《たんにん》の檜山浩平先生《ひやまこうへいせんせい》も、栃木が故郷《ふるさと》でした。信念《しんねん》と慈愛《じあい》を込《こ》めて、一人《ひとり》一人、大切《たいせつ》に育《はぐく》んでくださいました。修学旅行《しゅうがくりょこう》の折《おり》、私が気前《きまえ》よく友《とも》だちにおごってお小遣《こづか》いを使《つか》い果《は》たしてしまった時《とき》、先生が〝お父《とう》さん、お母《かあ》さんに何《なに》か買《か》って、戦《せん》地《ち》に行《い》ったお兄《にい》さんたちの分《ぶん》も親孝行《おやこうこう》するように〟と、そっと、お土産代《みやげだい》を渡《わた》してくださ

栃木の宝である子どもたちの成長を願って励ます（1990年6月）

った御恩《ごおん》も、忘《わす》れることができません。

私が小学校を卒業《そつぎょう》して三十三年後《ご》、故郷に戻《もど》られていた檜山先生ご夫妻《ふさい》と、宇《う》都宮《つのみや》で、ゆっくり再会《さいかい》することができました。少《すこ》しも変《か》わらぬ優《やさ》しさで教《おし》え子《ご》を見守《みまも》ってくださっている師恩《しおん》に胸《むね》を熱《あつ》くしました。とともに、先生が体現《たいげん》されてきた〝人に温かみと励ましを送《おく》る〟〝人を慈《いつく》しみ育《そだ》てる〟生《い》き方《かた》は、「栃木の心」そのものであると実感《じっかん》したものです。

栃木には、第二次世界大戦中《だいにじせかいたいせんちゅう》、経済的《けいざいてき》に厳《きび》しい状況《じょうきょう》のもと、県全体《ぜんたい》で約《やく》一万六千人《にん》もの学童疎開《がくどうそかい》を受《う》け入《い》れた歴史《れきし》もあります。

宇都宮出身の日本バレエ界《かい》のパイオ

ニア・橘秋子《たちばなあきこ》先生は、戦後《せんご》の焼《や》け野原《のはら》のなかで、バレエを再開《さいかい》されました。「平和な文化《ぶんか》国家《こっか》」の建設《けんせつ》を願《ねが》い、「美に伸《の》びようとする生命力《せいめいりょく》」あふれる子どもたちのために人生を捧《ささ》げてこられた※2ことも、不滅《ふめつ》の足跡《そくせき》です。

師弟《してい》して
　愛《あい》する栃木を
　　楽土《らくど》にと
　駆《か》け巡《めぐ》りたる
　　　歴史なつかし

私の人生の師匠《ししょう》である戸田城聖《とだじょうせい》先生は、栃木の友を深《ふか》く愛し、信頼《しんらい》されていました。

恩師《おんし》は、戦時中《せんじちゅう》、軍部政府《ぐんぶせいふ》の弾圧《だんあつ》で二年間投獄《とうごく》され、それを勝《か》ち越《こ》えました。そして、終戦《しゅうせん》の翌年《よくとし》、平和への烈々《れつれつ》たる情熱《じょうねつ》を秘《ひ》めて、いち早《はや》く足《あし》を運《はこ》び、励ましの座談会を行《おこな》ったのが、那須《なす》の黒羽町《くろばねまち》・両郷村《りょうごうむら》（現在《げんざい》は大田原《おおたわら》市）だったのです。

恩師にお供《とも》して日光方面《ほうめん》へ旅《たび》し、徳川家康公《とくがわいえやすこう》を偲《しの》びつつ、春《はる》の香《かお》り漂《ただよ》う華厳滝《けごんのたき》を眺望《ちょうぼう》したことも懐《なつ》かしい。そこは男体山《なんたいさん》が堂々《どうどう》とそびえ、中禅寺湖《ちゅうぜんじこ》も光《ひか》り眩《まばゆ》い、美しき天地《てんち》です。

環境運動《かんきょううんどう》の不屈《ふくつ》の先駆者《せんくしゃ》・田中正造翁《たなかしょうぞうおう》（佐野《さの》市出身）は、日光の名《な》について、「人心《じんしん》光りあれバ日光あり」「人心の光りハ大〔太〕陽よりも明《あきら》かなり」[※3]と記《しる》しています。

わが栃木の友人《ゆうじん》たちには、この心の日光が輝いています。当時《とうじ》の日記《にっき》には「嬉《うれ》しき哉《かな》」と綴《つづ》っております。一九五一年五月、二十三歳《さい》の私は師の思いを体《たい》し、勇《いさ》んで小山《おやま》市に伺《うかが》いました。さらに今日《こんにち》まで、宇都宮市、那須町《なすまち》、佐野市、足利《あしかが》市、那須塩原《なすしおばら》市などを訪《おとず》れ、明るく誠実《せいじつ》で威張《いば》らない、大好《だいす》きな栃木の友と、春夏秋冬《しゅんかしゅうとう》、心通《かよ》う語らいを重《かさ》ねてきました。

私と妻《つま》の知人《ちじん》である宇都宮の母は、交通事故《こうつうじこ》によって重度《じゅうど》の障《しょう》がいを抱《かか》えた夫君《ふくん》を、自宅《じたく》で介護《かいご》されて四十年以上《いじょう》になります。

保育《ほいく》に携《たずさ》わりながら、介護、子育てと、とても忙《いそが》しい毎日《まいにち》でした。極度《きょくど》の疲労《ひろう》から「苦労《くろう》する意味《いみ》」が分《わ》からなくなって、笑顔《えがお》を失《うしな》いかけた日《ひ》もあったようです。それでも、母は歯《は》を食《く》いしばって負《ま》けなかった。やがて、順風満帆《じゅんぷうまんぱん》では気《き》づかなかったであろう「本当《ほんとう》の幸《しあわ》せ」を感《かん》じ取《と》ることができたといいます。

子育てが落《お》ち着《つ》くと、婦人防火《ふじんぼうか》クラブ、社会福祉協議会《しゃかいふくしきょうぎかい》、良書《りょうしょ》の読《よ》み聞《き》かせ、独《ひと》り住《ず》まいの高齢者《こうれいしゃ》の見守り運動など、多《おお》くのボランティア活動《かつどう》にも元気《げんき》いっぱい取《と》り組《く》んできました。

友人たちは尋《たず》ねます。「どうして笑顔でいられるの？」。彼女《かのじょ》はニコニコと語ります。「パパのおかげよ！」と。

困難《こんなん》を乗《の》り越えた分、人への思いやりや慈愛を強くできます。互《たが》いに尊敬《そんけい》し合《あ》い、協力《きょうりょく》し合う地域家族《かぞく》の絆は、栃木が誇《ほこ》る宝《たから》でありましょう。

堂々と
　滝《たき》は轟《とどろ》き
　　山《やま》は立《た》ち
　強く生きよと
　　鼓舞《こぶ》する大地《だいち》よ

よく晴《は》れた、師走《しわす》の凛《りん》とした空気《くうき》のなか、足利を訪れて、友と楽しく交流《こうりゅう》したことも深く心に残《のこ》っています。

足利には「坂東《ばんどう》の大学」と世界に知《し》られ、日本最古《さいこ》の総合《そうごう》大学とも称《しょう》される「足利学《がっ》校《こう》」が栄《さか》えました。全国《ぜんこく》から学徒《がくと》が集《つど》い、各地《かくち》に指導者《しどうしゃ》を送《おく》り出《だ》した人材《じんざい》の揺籃《ようらん》です。

明治《めいじ》時代になり、壊《こわ》されかかった足利学校の史跡《しせき》と蔵書《ぞうしょ》を守ったとされるのが、田崎草《たざきそう》

これからベンチで始まる語らいを、ユリやキキョウなどの
花々が微笑み見つめる（著者撮影、那須町）

雲《うん》画伯です。画伯は、自身《じしん》の人生を「禍《わざわい》が転《てん》じて福《ふく》となった」[※4]と振《ふ》り返《かえ》っています。

貧苦《ひんく》にも耐《た》え、妻と子息《しそく》に先立《さきだ》たれた悲《かな》しみにも負けず、一人立って、一心《いっしん》に努力《どりょく》を貫《つらぬ》いたからこそ、人生と芸術《げいじゅつ》を深めることができたのです。

画伯の眼《め》は、桜《さくら》の花盛《はなざか》りの時よりも、その後、人知れず次《つぎ》の開花《かいか》へ準備《じゅんび》をしていく梢《こずえ》の時に向《む》けられていました。

労苦《ろうく》を通《とお》して磨《みが》き上《あ》げられた心の明鏡《めいきょう》には、生命《せいめい》の奥深《おくぶか》い実相《じっそう》が鮮《あざ》やかに映《うつ》し出《だ》されていくのでしょう。

開《ひら》かれた学《がく》の都《みやこ》・足利で、私も友や青年《せいねん》と、「変毒為薬《へんどくいやく》（毒を変じて薬《くすり》と為《な》す）」、すなわち苦難《くなん》を新《あら》たな創造《そうぞう》への力としていく、希望《きぼう》の哲《てつ》学《がく》について語り合ったことが蘇《よみがえ》ります。

悩《なや》みたる
　友のもとへと
　　行く道《みち》は
　真心《まごころ》咲きたる
　　幸《さち》への道なり

栃木の歴史には、わが身《み》を尽《つ》くして皆を救《すく》おうとした、志高《こころざしたか》き民衆《みんしゅう》指導者たちや無名《むめい》の偉人《いじん》たちの活躍《かつやく》が刻《きざ》まれています。

約百九十年前《まえ》、かの二宮尊徳公《にのみやそんとくこう》は、現在の真岡《もおか》市の地域に赴《おもむ》きました。貧しい村里《むらざと》と、人々の荒《あ》れた生活《せいかつ》を前に、「事《こと》の成否《せいひ》にかかわらず、生涯《しょうがい》ここを動《うご》くまい」[※5]と毅然《きぜん》と誓《ちか》い、農村復興《のうそんふっこう》の戦《たたか》いを開始《かいし》したのです。

朝《あさ》から夜《よる》まで、村の一軒《いっけん》一軒を歩《ある》いて回《まわ》り、村人の一人一人の生活の様子《ようす》に耳《みみ》を傾《かたむ》けながら、皆が張り合いをもって働けるよう奔走《ほんそう》して、十五年後、村は見事《みごと》な復興を遂《と》げました。そして、命《めい》を受けて、さらに多くの地域の復興事業《じぎょう》に取り組んでいきます。

尊徳公は「人々の心の田《た》の荒地《あれち》を開く」[※6]こと、つまり一人一人の心の復興を根幹《こんかん》にしました。そのための方法《ほうほう》こそ〝語らい〟でした。

対話《たいわ》は、心の大地を耕《たがや》します。そして、未来《みらい》への希望の種《たね》を蒔《ま》いていきます。

野木町《のぎまち》には、夏《なつ》の風物詩《ふうぶつし》の「ひまわりフェスティバル」があります。年々成長《せいちょう》した約百万本《ぼん》のひまわりが町を笑顔で彩《いろど》ります。

「野木町音頭《おんど》」に「若《わか》い希望が　燃《も》える町」「生きるよろこび　はずむ町」※7とあるように、私たちも、励ましの陽光《ようこう》を強めて、希望と喜《よろこ》びの花を咲かせていきたいと思うのです。

私がよく知る塩谷町《しおやまち》の農家《のうか》生まれの婦人は、二十歳《はたち》で嫁《とつ》ぎ、お姑《しゅうとめ》さんとの人間関係《にんげんかんけい》で、お互いに苦《くる》しんだといいます。

そんな時、先輩《せんぱい》が「心が汚《けが》れれば住《す》む国土《こくど》も汚れ、心が清《きよ》ければ国土も清い」という仏《ぶっ》典《てん》の一節《いっせつ》を通し、諭《さと》してくれました。

「相手《あいて》や環境のせいではありませんよ。自分《じぶん》が変われば、きっと相手も環境も変えることができます」と。

深く心に染《し》み入《い》りました。婦人は、お義母《かあ》さんに何でも話《はな》してみようと決《き》め、地域貢献《こうけん》の活動にも一緒《いっしょ》に励むようにしました。その共同《きょうどう》作業のなかで、お義母さんも実《じつ》に多くの人を激励《げきれい》しながら、充実《じゅうじつ》した人生を総仕上《そうしあ》げしていきます。

婦人は命《いのち》におよぶ大病《たいびょう》とも、「ここで死《し》んでたまるか。まだまだ私には使命《しめい》がある」と闘《たたか》い、克服《こくふく》しました。そして助《たす》かった命で、わが郷土《きょうど》に素晴《すば》らしい世界を築《きず》こうと、山道《やまみち》や雪道《ゆきみち》もいとわず、励ましの語らいに歩いたのです。

来《く》る日も来る日も、自《みずか》らの地域を照《て》らす太陽となって献身《けんしん》している、栃木の女性《じょせい》の方々に、私は最大《さいだい》の敬意《けいい》を表《ひょう》します。

わが友と
　ふるさと愛し
　　生き抜《ぬ》いて
　　　皆に慕《した》わる
　　　　あなたの凱歌《がいか》よ

栃木の農業《のうぎょう》は、豊《ゆた》かな大地で創意工夫《そういくふう》を重ね、日本一の生産量《せいさんりょう》を誇る「いちご」「かんぴょう」「もやし」「うど」などを育んでいます。丹精《たんせい》込められた農産物《のうさんぶつ》・畜産物《ちくさんぶつ》が、首都《しゅと》圏《けん》や各地の多くの人々の命を支《ささ》えてくれているのです。

また、那須高原《なすこうげん》をはじめ栃木の自然《しぜん》は、私と友にとって、花や緑《みどり》の瑞々《みずみず》しい息吹《いぶき》を呼吸《こきゅう》しながら、詩情《しじょう》も豊かに語らう舞台《ぶたい》となってきました。

宇都宮ゆかりの詩人《しじん》・野口雨情《のぐちうじょう》は、「天地万物《ばんぶつ》、皆これ唄《うた》であります。道傍《どうぼう》の一本の草《くさ》の葉《は》にも詩はやどって居《お》ります」※8と語りました。

さらに詩人は、「お互《たがい》に助け合って愉快《ゆかい》に暮《くら》すのが、人と生《うま》れた道である」※9とも示《しめ》しています。

栃木は、人間と人間も、人間と自然も、共々《ともども》に生命の讃歌《さんか》を謳《うた》い上げゆく共生《きょうせい》の天地です。

私が交友《こうゆう》を結んだ、公害研究《こうがいけんきゅう》の先駆者《せんくしゃ》・宇井純《ういじゅん》先生も栃木育ちでした。栃木の先人《せんじん》たちの闘魂《とうこん》を受《う》け継《つ》いで、勇敢《ゆうかん》に「環境の世紀《せいき》」を切《き》り開いてこられたのです。

「人づくり」の栃木には、「ものづくり」も光っています。

全国随一《ずいいち》の〝笛吹《ふえふ》きヤカン〟やシャッター、カメラ用交換《ようこうかん》レンズ等、生活に身近な工業《こうぎょう》製品《せいひん》に関《かん》する拠点《きょてん》が、数《かず》多くあります。

伝統工芸品《でんとうこうげいひん》も、益子焼《ましこやき》、烏山《からすやま》手すき和紙《わし》、日光彫《にっこうぼり》、真岡木綿《もおかもめん》、結城紬《ゆうきつむぎ》などの名品《めいひん》が知られています。

私は、栃木で民芸館《みんげいかん》を営《いとな》む友人宅《たく》に伺《うかが》ったことがあります。庶民《しょみん》の温《ぬく》もりあふれる数千もの民芸品を拝見《はいけん》し、和《なご》やかな歓談《かんだん》の一時《ひととき》を過《す》ごしました。

栃木で民芸館を営む友人宅を訪問し、親しく語り合う（1990年6月）

生活のなかで培《つちか》われた伝統の民具《みんぐ》には、その地域ならではの「土地《とち》の技《わざ》」――〝土地技（とちぎ）〟が輝いています。

栃木の民謡《みんよう》にも、私は親《した》しんできました。

昨夏《さっか》、栃木の若人《わこうど》たちが、先輩方の歴史を受け継ぎ、文化と平和の集いを行いました。「日光和楽踊《おど》り」や、「八木節《やぎぶし》」を盛《も》り込んだ創作演技《そうさくえんぎ》など、青春《せいしゅん》の躍動《やくどう》の舞台は、わが郷土を愛し、未来を開く誓いに満《み》ちていたと聞き、嬉《うれ》しい限《かぎ》りです。

以前《いぜん》、栃木の友人たちと約束《やくそく》したことがあります。風《かぜ》が吹《ふ》いても、雪が降《ふ》っても、ただ堅実《けんじつ》に前へ進《すす》もう！　善《よ》き市民《しみん》として、取《と》り繕《つくろ》った背伸《せの》びをせず、自分らしく、朗《ほが》らかに進み抜いていこう！　と。

益子焼《ましこやき》の発展《はってん》に尽力《じんりょく》した陶匠《とうしょう》・濱田庄司《はまだしょうじ》先生（人間国宝《こくほう》）は、樹木《じゅもく》のたとえを通して、「枝《えだ》や花で勝負《しょうぶ》するより、根《ね》で勝負をしてほしい」[※10]と語られました。

世界一長《なが》い「日光杉並木《すぎなみき》」の道のように、栃木の大地に、どっしりと根を張《は》った人材の大樹《たいじゅ》が林立《りんりつ》し、未来へどこまでも続《つづ》く並木路《なみきみち》を思い描《えが》くと、私の心はいつも楽しく、晴れやかになります。

労苦をも
誉《ほま》れに　郷土を
築きたる
尊《とうと》きあなたを
天地も讃《たた》えむ

愛《え》媛《ひめ》

いよいよ明《あか》るく歓喜《かんき》の明日《あした》へ

（二〇一五年九月号）

丹精《たんせい》の
みかんの色《いろ》の
暖《あたた》かさ
愛媛の友《とも》の
心《こころ》を映《うつ》して

かんきつ王国《おうこく》・愛媛の名高《なだか》い「日《ひ》の丸《まる》みかん」は〝三つの太陽《たいよう》〟に育《はぐく》まれると、八幡浜《やわたはま》の農家《のうか》の友が教《おし》えてくれました。

第一に、太陽の光《ひかり》。

第二に、太陽の光を海面《かいめん》が反射《はんしゃ》した光。

第三に、太陽の熱《ねつ》を段々畑《だんだんばたけ》の土台《どだい》の石垣《いしがき》が蓄《たくわ》えて、下《した》から放射《ほうしゃ》した熱です。

その話《はなし》に、なるほどと感心《かんしん》しながら、私は、さらに、もう一《ひと》つの太陽を感《かん》じとりました。

農家の方々《かたがた》の、育《そだ》てる愛情《あいじょう》、皆《みな》で助《たす》け合《あ》って農作業《のうさぎょう》を守《まも》る友情《ゆうじょう》という〝太陽の心〟です。

この〝太陽の心〟があればこそ、愛媛では、日本一の収穫量《しゅうかくりょう》を誇《ほこ》る、いよかん、ポンカン等のかんきつ類《るい》やキウイフルーツをはじめ、たくさんの豊《ゆた》かな農作物《のうさくもつ》が実《みの》っていくのではないでしょうか。西条市《さいじょうし》、東温市《とうおんし》、松前町《まさきちょう》などで生産《せいさん》される裸麦《はだかむぎ》も随一《ずいいち》です。

西条市が生《う》んだ、日本を代表《だいひょう》する栄養学《えいようがく》の創始者《そうししゃ》・佐伯矩《さいきただす》博士は、「生命《せいめい》 食《しょく》に在《あ》り」「人《ひと》も国《くに》も食の上《うえ》に立《た》つ」※1と語《かた》られていました。

まさに、食こそ、人が生まれ、成長《せいちょう》し、健康《けんこう》であるための源《みなもと》です。その滋養《じよう》をもたらすのは、生命を慈《いつく》しみ、人を思《おも》いやる慈愛《じあい》でしょう。

慈愛は、人に〝心の栄養〟も贈《おく》り、元気《げんき》にしていきます。佐伯博士も、そうした方でした。

愛媛の天地《てんち》には、命《いのち》も心も、健《すこ》やかに育む太陽の恵《めぐ》みがいっぱいなのです。

私は、海《うみ》も山《やま》も、人の心も麗《うるわ》しき愛媛が大好《だいす》きです。

彼方《かなた》に西日本最高峰《さいこうほう》の石鎚山《いしづちさん》を望《のぞ》み、また、穏《おだ》やかな瀬戸内海《せとないかい》の潮風《しおかぜ》に吹《ふ》かれながら、快活《かいかつ》な友と語り合ったことを、懐《なつ》かしく思い起《お》こします。

現在《げんざい》の四国中央市《しこくちゅうおう》の出身《しゅっしん》である世界的《せかいてき》な写真家《しゃしんか》・白川義員《しらかわよしかず》先生《せんせい》も、夕日《ゆうひ》を浴《あ》びて島々《しまじま》が安《やす》らぐ瀬戸内海を、「永遠《えいえん》の日本」の光景《こうけい》の一つとしてカメラに収《おさ》めておられます。※2
全生命《ぜんせいめい》を凝結《ぎょうけつ》して撮影《さつえい》された作品群《さくひんぐん》の一葉《いちよう》一葉には、「私たちがいるのは、鮮烈《せんれつ》で荘厳《そうごん》で、美《うつく》しく聖《せい》なる世界」※3であり、地球《ちきゅう》という運命共同体《うんめいきょうどうたい》の一人《ひとり》として生《い》きていこうとのメッセージを託《たく》されているのです。
西予《せいよ》市、南予地方《なんよちほう》が面《めん》する宇和海《うわかい》を主《おも》な舞台《ぶたい》に、真珠《しんじゅ》の養殖《ようしょく》でも、海の宝石《ほうせき》のようなマダイの養殖でも日本一です。その輝《かがや》きは、生きとし生けるものの妙《たえ》なる絆《きずな》について学《まな》び、大切《たいせつ》にしながら、価値《かち》を創造《そうぞう》してきた知恵《ちえ》の結晶《けっしょう》でありましょう。

瀬戸内《せとうち》の
　海の香《かお》りと
　　育ちたる
友よ　故郷《こきょう》の
　幸《さち》の風《かぜ》たれ

私が、憧《あこが》れの教育《きょういく》と文化《ぶんか》の都《みやこ》・松山《まつやま》市に、初《はじ》めて訪《おとず》れたのは、一九六三年の秋《あき》のことです。

街《まち》のシンボル・松山城《まつやまじょう》は、勝山《かつやま》の頂《いただき》で難攻不落《なんこうふらく》の威風《いふう》を湛《たた》えていました。日本屈指《くっし》の切《き》り立《た》つ高《たか》い石垣は、人と人の団結《だんけつ》もかくあれと、呼《よ》びかけているようです。

松山城を仰《あお》ぎ見《み》る街の至《いた》るところで、多《おお》くの友と交流《こうりゅう》しました。ある時《とき》は共《とも》に写真に納《おさ》まり、ある時はじっくり腰《こし》を下《お》ろして座談《ざだん》をし、ある時は一緒《いっしょ》に道《みち》を歩《あゆ》みながら――。

その語らいでは、何事《なにごと》にも、受《う》け身《み》でなく、積《せっ》極的《きょくてき》に挑《いど》もうと約《やく》し合いました。とりわけ、自分《じぶん》が今いる生活《せいかつ》の場《ば》で、地域《ちいき》で、職場《しょくば》で、一日一日、自分らしく力《ちから》をつけていこう、と。

ここ松山に刻《きざ》まれた、俳諧《はいかい》の改革者《かいかくしゃ》・正岡子規《まさおかしき》と、文豪《ぶんごう》・夏目漱石《なつめそうせき》の若《わか》き友情の足跡《そくせき》も偲《しの》びました。

子規は漱石との出会《であ》いを、「余《よ》は始《はじ》めて一益友《えきゆう》を得《え》たり。その喜《よろこ》び、知《し》るべきなり」※4と語っています。

伊予市を訪問。行く先々で、大切な友と
忘れ得ぬ出会いを重ねる（1985年2月）

漱石は子規に、「大兄《たいけい》の御考《おかんが》へで小生《しょうせい》が悪《わる》いと思ふ事あらば遠慮《えんりょ》なく指摘《してき》してくれ玉《たま》へ。これ交友《こうゆう》の道なり」※5と伝《つた》えました。

切磋琢磨《せっさたくま》する友を持《も》つ青春《せいしゅん》は、みずみずしい向上《こうじょう》と創造の軌道《きどう》を進《すす》むことができます。

わが愛媛の友人《ゆうじん》たちも、共に学び、共に励《はげ》まし合う、日本一、麗《うるわ》しく仲《なか》の良《よ》い人間家族《にんげんかぞく》のスクラムを郷土《きょうど》に築《きず》こうと、朗《ほが》らかです。

天高く
　愛媛の城《しろ》は
　　人材《じんざい》が
　　　立ちて勝《か》ちたる
　　　　晴《は》れの姿《すがた》か

私の恩師《おんし》・戸田城聖《とだじょうせい》先生が激励《げきれい》していた、愛媛の母《はは》がいます。戦争《せんそう》で夫《おっと》を奪《うば》われ、自《みずか》らも重症《じゅうしょう》の結核《けっかく》に罹《かか》り、仕事《しごと》を失《うしな》って、借家《しゃくや》を三度《ど》も追《お》われるという苦難《くなん》の連続《れんぞく》でした。最愛《さいあい》のお嬢《じょう》さんがいればこそ、かろうじて死《し》を思い止《とど》まったといいます。

そして、友が遠方《えんぽう》から足《あし》を運《はこ》び、懸命《けんめい》に励ましてくれました。その真心《まごころ》に感動《かんどう》して、希望《きぼう》を持って立ち上がったのです。

私も、この母に「泥沼《どろぬま》が深《ふか》いほど蓮《はす》の花《はな》や実《み》が大《おお》きいといわれるように、苦労《くろう》が大きいほど後《あと》の幸《しあわ》せも大きいに違《ちが》いありません」と、エールを送《おく》ったことがあります。

病気《びょうき》を克服《こくふく》した母は、働《はたら》きながら、悩《なや》む友の面倒《めんどう》をこまやかに見て励ましていきました。

貧乏《びんぼう》を恥《は》じる心を恥じ、「心の財《たから》」こそを誇りとしたのです。それは「自分のこと以上《いじょう》に、人の幸せを願《ねが》える自分に変《か》われた」という喜びでした。

やがて、自宅《じたく》とアパートを持ち、経済的《けいざいてき》にも大きく境涯《きょうがい》を開《ひら》いて、よりよき郷土の創造へと、ますます積極果敢《かかん》に貢献《こうけん》を重《かさ》ねていきました。

私たちの会合《かいごう》の会場《かいじょう》にもお借《か》りした済美学園《さいびがくえん》（松山市）の創立者《そうりつしゃ》の一人、船田《ふなだ》ミサヲ先生は、よく話《はな》されていたといいます。

「自分のためじゃったら、でけんことぞな」[※6]と。

人のため、青年《せいねん》のため、未来《みらい》のために生きてこそ、自分の本当《ほんとう》の力が湧《わ》くという、強《つよ》き信念《しんねん》でありましょう。

障《しょう》がいのある子《こ》と、その保護者《ほごしゃ》を支援《しえん》してきた今治《いまばり》市の婦人《ふじん》は、自分の体験《たいけん》から語っています。

「自閉症《じへいしょう》の子どもも、どんな子どもも、尊《とうと》い〝宝《たから》〟を持っています。自信《じしん》を持って、もっといろいろな力を発揮《はっき》していけるように！　そんな思いで日々、私も成長していきたいと思います」

「愛媛」の県名《けんめい》の由来《ゆらい》は、『古事記《こじき》』にある「愛比売《えひめ》」で、愛《あい》すべき媛《ひめ》（女性《じょせい》）との意義《いぎ》があるとされます。

愛媛の各地《かくち》には、「人と人のつながりが全《すべ》てやけ。みんなで助け合って生きていかんとね」との慈愛で人々を支《ささ》えている女性が大勢《おおぜい》おられます。「愛媛」の名は、そうした〝慈愛の媛〟の方々の象徴《しょうちょう》に思えてなりません。

愛媛には
　慈愛の媛の
　　あなたあり
　励まし舞《ま》いゆけ
　　皆に勇気《ゆうき》を

大洲で家具店を営む友人宅へ。店内では大勢の愛媛の“媛”と“丈夫”の雛人形が歓迎（1985年2月）

「伊予聖人《いよせいじん》」と謳《うた》われた近藤篤山《こんどうとくざん》の戒《いまし》めに、「謂《い》うなかれ、人が自分に愛情を示《しめ》さぬと。謂うなかれ、人が自分に敬意《けいい》を示さぬと。愛敬《あいけい》は我《わ》が身の問題《もんだい》であって、人に求《もと》めるものではない」[※7]とあります。

篤山自身《じしん》、教え子が重病《じゅうびょう》に伏《ふ》し、皆が見放《みはな》していた時に駆《か》けつけ、「これしきの病《やまい》にへこたれてなるか」と渾身《こんしん》の激励をし、毎日《まいにち》、面倒を見ました。教え子は、必《かなら》ず先生の慈愛に報《むく》いなければと心を奮《ふる》い立たせ、ついに病を乗《の》り越《こ》えたのです。[※8]

この大教育者《だいきょういくしゃ》が、友から菊花《きっか》を贈られ、感謝《かんしゃ》の詩《し》で応《こた》えたことも、文化薫《かお》る友誼《ゆうぎ》の交流です。

私も松山に伺《うかが》った時、友が丹精込《こ》めた、多彩《たさい》な菊花を飾《かざ》っていただいていた忘《わす》れ得《え》ぬ思い出があります。そして、せめてもの感謝の句《く》を贈りました。

「晴ればれと　まごころ薫る　菊《きく》の列《れつ》」

「まごころの　愛媛の菊の　ぬくみかな」と。

新居浜《にいはま》でも、笑顔皺《えがおじわ》の父母《ちちはは》から可愛《かわい》い赤《あか》ちゃんまで、世代《せだい》を超《こ》えて賑《にぎ》やかな〝家族会《かい》議《ぎ》〟を持ちました。皆で幸福《こうふく》な家庭《かてい》を築き、近隣社会《きんりんしゃかい》で信頼《しんらい》される勝利《しょうり》の人生《じんせい》をと語り合ったのです。

さらに一九八五年の二月、冬《ふゆ》に打《う》ち勝った春《はる》のような陽光《ようこう》に包《つつ》まれながら、大洲《おおず》を訪れたことも、胸中《きょうちゅう》に蘇《よみがえ》ります。苦難に勝った大洲の友のスクラムが、晴れやかに輝いていました。

宇和島《うわじま》市出身の高畠華宵画伯《たかばたけかしょうがはく》が、弟子《でし》に強く教えたことは、「やり遂《と》げる事」[※9]でした。途中《とちゅう》でくじけない忍耐《にんたい》と根性《こんじょう》があってこそ、素晴《すば》らしい人生の名画《めいが》を残《のこ》していけるのです。画伯自身、高齢者《こうれいしゃ》の施設《しせつ》に入《はい》っても、「久遠《くおん》の青年」[※10]として「人々の為《ため》に喜びを」[※11]と絵《え》を描《えが》き続《つづ》けました。

何があろうとも、やるべきことを断固《だんこ》としてやり遂げる——愛媛の友人たちには、この負《ま》けじ魂《だましい》が光っています。

先日《せんじつ》も、三十年の歳月《さいげつ》を経《へ》て、大洲の地域が、見違《みちが》えるように繁栄《はんえい》している近況《きんきょう》を、何よりも嬉《うれ》しく伺《うかが》いました。

濁《にご》りなく
　皆の喜び
　　つくりゆく
　心は　真珠と
　　　輝き光らむ

一九八五年、愛媛各界《かっかい》のご来賓《らいひん》が見守《みまも》るなか、青年を中心《ちゅうしん》に開催《かいさい》した文化の祭典《さいてん》では、ふるさと愛媛の文化を大切に受《う》け継《つ》ぎ、未来をつくろうという、友の若々しい躍動《やくどう》に満《み》ちていました。

東予《とうよ》地方の「今治《いまばり》よいやな」、南予《なんよ》の「鹿踊《しかおど》り」、中予《ちゅうよ》の「櫂練《かいね》り踊り」、「伊予万歳《まんざい》」などの民謡《みんよう》と踊りを披露《ひろう》してくれました。名作《めいさく》『坊《ぼ》っちゃん』を基《もと》にした創作劇《そうさくげき》も、心はずむ故郷の讃歌《さんか》でした。

私は、日常《にちじょう》の舞台でも、立派《りっぱ》な人生の幸福の劇を演《えん》じてもらいたいと念願《ねんがん》しました。

愛媛青年平和文化祭の一幕。愛媛を担いゆく青年の組み体操が、
故郷の海の波濤を演ずる（著者撮影）

思えば、愛媛伝統《でんとう》の砥部焼《とべやき》は、最初《さいしょ》は失敗《しっぱい》の連続から、美しい白磁《はくじ》に鮮《あざ》やかな模様《もよう》が躍《おど》る作風《さくふう》が確立《かくりつ》されていったといいます。

人間もまた、若き日に、あらゆる労苦《ろうく》を貴重《きちょう》な鍛錬《たんれん》と滋養にしてこそ、彩《いろど》り鮮やかな自身の生命の宝器《ほうき》をつくり上げていけるのではないでしょうか。

松山市出身の俳人《はいじん》・高浜虚子《たかはまきょし》は、「或《ある》意味《いみ》に於《お》て新とは力である」※[12]と強調《きょうちょう》しました。青年には、新《あたら》しい生命の息吹《いぶき》があります。伝統を学び深めるなかで、新しい発展《はってん》を開く力があります。「深は新なり」※[13]とは虚子の信条《しんじょう》でした。

今、私が見守る青年たちも、愛媛の先《せん》

人《じん》、先輩《せんぱい》の方々の平和《へいわ》と文化の心を継承《けいしょう》しています。一人一人が、自分の課題《かだい》に立ち向かいながら、人のために貢献し、郷土の空《そら》に新しい「希望の虹《にじ》」をかけようと奮闘《ふんとう》しています。この青年たちこそ、いよいよ明るく輝く愛媛の新しい希望の虹でありましょう。

私は、初めて愛媛を訪れた秋の夜《よる》、月《つき》を見つめつつ、青年と未来を語り合いました。
今年《ことし》も、中秋《ちゅうしゅう》の名月《めいげつ》の季節《きせつ》が来《き》ます。
共に月光《げっこう》を仰ぐ思いで、懐かしい伊予の天地の友人たちと、心つながる一時《ひととき》を迎えたいと願っています。

清《きよ》らかに
君《きみ》も我《われ》をも
照《て》らしたる
月の光の
絆の嬉しさ

引用・参考文献、注解

ブルガリア

※1　寺島憲治著「ブルガリア——国と人々」、南塚信吾編『東欧の民族と文化』所収、彩流社を引用・参照

※2　栗原成郎著『スラヴのことわざ』ナウカ

※3　「帰って来ますか?」松永緑彌訳注、『イヴァン・ヴァーゾフ短編集』所収、大学書林

※4・5　A・ジュロヴァ／池田大作著『美しき獅子の魂』、『池田大作全集　第百九巻』所収、聖教新聞社

※6　真木三三子訳編『ブルガリアの民話』恒文社を参照

※7　『フリスト・ボテフ詩集』真木三三子訳、恒文社

山形

※1　『イザベラ・バードの日本紀行（上）』時岡敬子訳、講談社を引用・参照

※2・3　松田甚次郎著、羽田武嗣郎編『土に叫ぶ』羽田書店を引用・参照。現代表記にあらためた

※4　仲井幸二郎著『口訳　日本民謡集』蒼洋社所収の「花笠音頭」より

※5　橘南谿著『東西遊記1』宗政五十緒校注、平凡社を引用・参照。ルビは編集部による

※6　阿部次郎著『秋窓記』岩波書店。現代表記にあらためた
※7　土門拳著『死ぬことと生きること』築地書館
※8　『浜田廣介全集　第十一巻　童謡・詩・小説』集英社
※9　『浜田廣介全集　第十二巻　評論・随想』集英社
※10　仲井幸二郎／丸山忍／三隅治雄編『日本民謡辞典』東京堂出版所収の「花笠踊」より
※11　前掲『秋窓記』。現代表記にあらためた
※12　『阿部次郎選集Ⅵ　學生と語る』羽田書店。現代表記にあらためた
※13　加藤セチ著「女性と科學」、『科學知識』（第二十巻・第四號、昭和十五年四月一日発行）所収、科學知識普及會。現代表記にあらためた
※14　今泉亨吉著『上杉鷹山公』米沢信用金庫。体裁は編集部で整えた
※15　名字は「さとう」と読み、名前の呼ばれ方に「まさよし」「まさやす」「せいよう」がある
※16　『樗牛全集　第二巻』博文館。引用原文の文字にはすべて白丸傍点。ルビは編集部による

宮崎

※1　大岡信・佐佐木幸綱・若山旅人監修『若山牧水全集 第十三巻』増進会出版社。現代表記にあらためた
※2　松村隆著「〝若さ〟とは向上の意欲」、黒木勇吉編著『秋月左都夫　その生涯と文藻』所収、講談社
※3　武藤麒一・安田尚義 共著『秋月種茂と秋月種樹』日向文庫刊行会。カタカナをひらがな表記にあらためた
※4　『武者小路實篤全集　第十一巻』小学館。現代表記にあらためた
※5・6　黒木盛幸編註『安井息軒書簡集』安井息軒顕彰会を引用・参照

※7　高木兼寛著、田中久編『心身強健法』東亜堂。現代表記にあらためた
※8　文部科学省「平成25年度全国学力・学習状況調査」の分析による「いい子どもが育つ」都道府県ランキングを参照
※9・10　石井記念協会著『石井十次伝』石井記念協会。現代表記にあらためた

ロサンゼルス

※1　『スタインベック全集19　スタインベック書簡集――手紙が語る人生――』浅野敏夫・佐川和茂訳、大阪教育図書
※2　P・J・スタンリス著「フロストの人生、詩、哲学についての追考あれこれ」福本宰之訳、『ロバート・フロスト――哲学者詩人――』所収、晃洋書房

島根

※1　安来節保存会ホームページより
※2　有吉佐和子著『出雲の阿国（上）』中央公論新社
※3　小泉八雲著、平川祐弘編『明治日本の面影』講談社
※4　「青春の歌」（佐野皐兎思　作詞／岩佐万次郎　作曲）、島根大学開学三十周年史編集委員会編『島根大学史』所収、島根大学
※5　森鷗外著『青年』岩波書店
※6　『女性教育者の先達――上代たの文集』上代たの文集編集委員会
※7　島根県民の歌「薄紫の山脈」（米山治　作詞／古関裕而　作曲）、島根県ホームページより

ブラジル

※1　「オスカー・ニーマイヤーに聞く　建築の単純さ、可能性」瀬下直樹・瀬下淳子訳、『新建築』（第84巻1号）所収、新建築社

※2　クラウス・シュライナー著、中村とうよう監修『ブラジル音楽の素晴らしい世界　民謡から現代サンバまで』井口靖・荻野蔵平・高橋慎也・恒川元行・中村純子・平高史也　共訳、ニューミュージック・マガジン社

※3　イタリアのクリストフォリによる発明当時、「クラヴィチェンバロ・コル・ピアノ・エ・フォルテ」すなわち〝弱音（ピアノ）から強音（フォルテ）まで出せるチェンバロ〟と紹介。「ピアノ」はこの略称。当初のピアノの鍵盤数は五十四、次第に音域を広げ、現在は八十八で定着しているとされる

※4・5　A・アタイデ／池田大作著『二十一世紀の人権を語る』、『池田大作全集　第百四巻』所収、聖教新聞社

栃木

※1　荒井寛方著『阿彌陀院雑記』鵤故郷舎出版部

※2　渡辺基著『日本のバレエのパイオニア　橘　秋子』下野新聞社を引用・参照

※3　田中正造全集編纂会編『田中正造全集　第十二巻』岩波書店。〔太〕は全集編者による注

※4　小室翠雲著『田崎草雲先生の生涯』日本南画院。現代表記にあらためた

※5・6　福住正兄著『二宮尊徳翁の訓え』野沢希史訳、童門冬二　監修・解説、小学館

※7　「野木町音頭」（なかにし礼　作詞／猪俣公章　作曲）JASRAC　出2007863-001

※8　秋山清・伊藤信吉・住井すゑ・野口存彌監修『定本　野口雨情　第七巻』未来社。現代表記にあらためた

※9　秋山清・伊藤信吉・住井すゑ・野口存彌監修『定本　野口雨情　第六巻』未来社。現代表記にあらためた

※10　濱田庄司著『無盡蔵』講談社

愛媛

※1　佐伯矩著『栄養』栄養社。現代表記にあらため、体裁を整えた
※2　『白川義員作品集　永遠の日本』小学館を参照
※3　聖教新聞（二〇一三年一月十九日付）
※4　和田茂樹編『漱石・子規往復書簡集』岩波書店所収、粟津則雄氏の解説
※5　和田茂樹編『漱石・子規往復書簡集』岩波書店
※6　愛媛子どものための伝記刊行会編著
『愛媛子どものための伝記　第八巻　船田ミサヲ・八木繁一・山路一遊』愛媛県教育会
※7　近藤則之著「近藤篤山」、『近藤篤山・林良斎』所収、明徳出版社
※8　渡部盛義著『近藤篤山』愛媛県教育会を引用・参照
※9　羽山健太郎著「青年期の華宵先生」、高畠華晃著『画家の肖像　高畠華宵の伝記と作品』所収、沖積舎
※10　鹿野琢見著「華宵先生回想」、前掲『画家の肖像　高畠華宵の伝記と作品』
※11　高畠麻子著『華宵からの手紙』愛媛県文化振興財団
※12　浜田琉司編『定本　高濱虚子全集　第十巻　俳論・俳話集（一）』毎日新聞社
※13　浜田琉司編『定本　高濱虚子全集　第十一巻　俳論・俳話集（二）』毎日新聞社

池田大作　いけだ・だいさく

創価学会名誉会長。創価学会インタナショナル（SGI）会長。
1928年、東京生まれ。創価大学、アメリカ創価大学、創価学園、
民主音楽協会、東京富士美術館、東洋哲学研究所、
戸田記念国際平和研究所、池田国際対話センターなどを創立。
「国連平和賞」を受賞。世界の大学・学術機関から390を超える名誉学術称号を受ける。
『人間革命』（全12巻）、『新・人間革命』（全30巻）、
エッセー集『ハッピーロード』をはじめ著書多数。
『二十一世紀への対話』（A・J・トインビー）、
『二十世紀の精神の教訓』（M・S・ゴルバチョフ）、
『母への讃歌 詩心と女性の時代を語る』（サーラ・ワイダー）等、対談集も多い。

本書は、月刊誌『パンプキン』に掲載された「忘れ得ぬ旅　太陽の心で」
（2013年8月号、2014年3月・5月・11月号、2015年1月・3月・5月・9月号）を
再構成し、収録したものです。
肩書等は、掲載時のままとしました。

忘れ得ぬ旅
太陽の心で　第4巻

2020年11月18日　初版発行

著者　池田 大作
発行者　南 晋三
発行所　株式会社　潮出版社
〒102-8110
東京都千代田区一番町6　一番町SQUARE
電話　03-3230-0781（編集）
03-3230-0741（営業）
振替口座　00150-5-61090
印刷・製本　凸版印刷株式会社

ISBN978-4-267-02104-6 C0095

http://www.usio.co.jp/